Zyad El-Khatib

Die Überwachung von Arbeitnehmern am Arbeitsplatz

Ist die technische Arbeitnehmerüberwachung rechtlich zulässig und wirtschaftlich begründbar?

igel Verlag
RWS

El-Khatib, Zyad: Die Überwachung von Arbeitnehmern am Arbeitsplatz. Ist die technische Arbeitnehmerüberwachung rechtlich zulässig und wirtschaftlich begründbar? Hamburg, Igel Verlag RWS 2014

Buch-ISBN: 978-3-95485-126-3
PDF-eBook-ISBN: 978-3-95485-626-8
Druck/Herstellung: Igel Verlag RWS, Hamburg, 2014

Bibliografische Information der Deutschen Nationalbibliothek:
Die Deutsche Nationalbibliothek verzeichnet diese Publikation in der Deutschen Nationalbibliografie; detaillierte bibliografische Daten sind im Internet über http://dnb.d-nb.de abrufbar.

Hermannstal 119k, 22119 Hamburg
http://www.diplomica.de, Hamburg 2014
Printed in Germany

Inhaltsverzeichnis

1. Einleitung 1

1.1. Ist die technische Arbeitnehmerüberwachung wirtschaftlich begründbar? 3

1.2. Auswirkungen auf die Mitarbeiter 5

1.3. Gang der Bearbeitung 7

2. Arten der technischen Arbeitnehmerüberwachung 8

2.1. Zeiterfassungs- und Zugangskontrollsysteme 8

2.2. Personalinformationssysteme 10

2.3. Videoüberwachung 11

2.4. Telefonüberwachung 12

2.5. Computerüberwachung 13

2.5.1. Überwachung der Internet- und Intranetnutzung 15

2.5.2. E-Mailüberwachung 16

2.6. Zwischenergebnis 17

3. Rechtliche Bewertung der einzelnen Überwachungsarten 19

3.1. Vorüberlegung: Zum Problem der Grundrechtsbindung von Arbeitsvertragsparteien 19

3.1.1. Lehre von der unmittelbaren Drittwirkung 20

3.1.2. Lehre von der mittelbaren Drittwirkung 20

3.1.3. Lehre von der Schutzpflichtfunktion 21

3.2. Grundrechte der Arbeitnehmer 22

3.2.1. Der Schutz der Menschenwürde (Art. 1 Abs. 1 GG) 22

3.2.2. Das Grundrecht der freien Persönlichkeitsentfaltung (Art. 2 Abs. 1 GG) 23

3.2.3. Das Gleichheitsgebot (Art. 3 Abs. 1 GG) 25

3.3. Grundrechte der Arbeitgeber 26

3.3.1. Das Recht auf Entfaltung der unternehmerischen Freiheit (Art. 12 Abs. 1 GG i.V.m. Art. 14 GG) 26

3.3.2. Das Recht am eingerichteten und ausgeübten Gewerbebetrieb (Art. 14 GG) 27

3.4. Zeiterfassungs- und Zugangskontrollsysteme 28

3.5. Personalinformationssysteme 29

3.6. Videoüberwachung 30

3.6.1. Videoüberwachung öffentlich zugänglicher Räume 31

3.6.2. Videoüberwachung nicht öffentlich zugänglicher Räume 36

3.6.2.1. Repressive Videoüberwachung nicht öffentlich zugänglicher Räume 36

3.6.2.2. Präventive Videoüberwachung nicht öffentlich zugänglicher Räume 39

3.7. Telefonüberwachung 40

3.7.1. Abhören von dienstlichen Telefongesprächen 41

3.7.2. Mithören von dienstlichen Telefongesprächen 42

3.7.3. Aufzeichnung von dienstlichen Telefongesprächen 42

3.7.4. Erfassung von Verbindungsdaten 43

3.7.5. Inhaltskontrolle privater Telefongespräche 43

3.8. Computerüberwachung 44

3.9. Internetüberwachung 46

3.9.1. Überwachung durch Standardsoftware bei privatem Nutzungsverbot 46

3.9.2. Überwachung durch Standardsoftware bei erlaubter Privatnutzung 47

3.9.3. Überwachung durch spezielle Überwachungssoftware 50

3.9.4. Private Internetnutzung als Kündigungsgrund 50

3.10. E-Mailüberwachung 54

3.10.1. Inhaltskontrolle bei dienstlicher Nutzung 54

3.10.2. Inhaltskontrolle bei privater Nutzung 56

3.10.3. Kontrolle der Rahmendaten 57

3.11. Praxistipp für den Umgang mit Internet und E-Mail am Arbeitsplatz 57

4. Betriebswirtschaftliche Aspekte der technischen Arbeitnehmerüberwachung 59

4.1. Telekommunikationskosten 59

4.2. Arbeitszeitverlust durch privates Surfen 60

4.3. Gefährdung der Systemsicherheit / Kapazitätsprobleme 61

4.4. Missbrauch des Unternehmensnetzwerks 61

4.5. Auswirkungen auf die Mitarbeitermotivation 62

5. Zusammenfassung und Fazit **64**

6. Literaturverzeichnis **66**

7. Internetquellen **72**

Abkürzungsverzeichnis

a.a.O.	am angegebenen Ort
Abs.	Absatz
AcP	Archiv für die civilistische Praxis
Admin	Administrator
AG	Aktiengesellschaft
AiB	Arbeitsrecht im Betrieb (Zeitschrift)
akt.	aktualisiert(e)
Anm. d. Verf.	Anmerkung des Verfassers
AP	Arbeitsrechtliche Praxis (Nachschlagewerk des Bundesarbeitsgerichts)
ArbG	Arbeitsgericht
Art.	Artikel
AuA	Arbeit und Arbeitsrecht (Zeitschrift)
Aufl.	Auflage
AuR	Arbeit und Recht (Zeitschrift)
BAG	Bundesarbeitsgericht
BB	Betriebs-Berater (Zeitschrift)
BDSG	Bundesdatenschutzgesetz
bearb.	bearbeitet(e)
BerlKomm TKG	Berliner Kommentar zum Telekommunikationsgesetz
BetrVG	Betriebsverfassungsgesetz
BGB	Bürgerliches Gesetzbuch
BGH	Bundesgerichtshof
BGHZ	Entscheidungen des Bundesgerichtshofes in Zivilsachen
BVerfG	Bundesverfassungsgericht
BVerfGE	Entscheidungen des Bundesverfassungsgerichts
bzw.	beziehungsweise

ca.	circa
Ders.	Derselbe
d.h.	das heißt
DuD	Datenschutz und Datensicherheit (Zeitschrift)
ErfK	Erfurter Kommentar zum Arbeitsrecht
erw.	erweitert(e)
f.	folgende
ff.	fortfolgende
GG	Grundgesetz
GmbH	Gesellschaft mit beschränkter Haftung
H.	Heft
Hg.	Herausgeber
hM	herrschende Meinung
i.d.R.	in der Regel
i.S.d.	im Sinne des
IT	Informationstechnologie
i.V.m.	in Verbindung mit
Jg.	Jahrgang
JuS	Juristische Schulung (Zeitschrift)
K&R	Kommunikation & Recht (Zeitschrift)
KUG	Kunsturhebergesetz
LAG	Landesarbeitsgericht
m.E.	meines Erachtens
Mitarbeiter	Mitarbeiter und Mitarbeiterinnen
MMR	Multimedia und Recht (Zeitschrift)
NJW	Neue Juristische Wochenschrift
Nr.	Nummer
NZA	Neue Zeitschrift für Arbeitsrecht
PC	Personal Computer
RdA	Recht der Arbeit (Zeitschrift)
Rn.	Randnummer
TDG	Teledienstegesetz
TK	Telekommunikation
TKG	Telekommunikationsgesetz

S.	Seite
StGB	Strafgesetzbuch
u.a.	unter anderem
Vgl.	Vergleiche
z.B.	zum Beispiel

1. Einleitung

Die Überwachung von Arbeitnehmern[1] durch technische Einrichtungen ist ein Thema, das aufgrund der rasanten Entwicklung im Bereich der Mikroelektronik aktuell ist wie nie zuvor: Der Verhaltens- und Leistungskontrolle am Arbeitsplatz sind heute faktisch kaum noch Grenzen gesetzt. Gemeint ist u.a. der Einsatz von Videokameras am Arbeitsplatz, an Zeiterfassung mittels Chipkarten, an computerisierte Telefonanlagen, die sämtliche Gesprächsdaten elektronisch erfassen, oder an die Möglichkeit der Kontrolle der E-Mail- und Internetnutzung. Detlef Borchers hat prägnant zusammengefasst, welche Gefahren von den vielfältigen Überwachungsmöglichkeiten ausgehen: „Stellen Sie sich vor, auf Ihrem Rechner ist ein unsichtbares Tool installiert, das all Ihre Tastatureingaben und benutzten Programme protokolliert, E-Mails speichert, besuchte Web-Adressen und Passwörter sammelt, beim Instant Messenger mitliest, den Bildschirminhalt abfotografiert und Sie obendrein filmt - mit Ihrer eigenen Webcam. Das ist kein Horrorszenario, sondern in vielen Unternehmen Realität."[2]

Doch was veranlasst Unternehmen dazu, mit immer neuen Überwachungstechnologien das Verhalten ihrer Mitarbeiter auszuspionieren, wo einst der gelegentliche Kontrollbesuch des Vorgesetzten als ausreichend galt? Die drastische Zunahme einer technisierten Kontrolle wird mit folgenden Argumenten begründet:[3]

- Die Kontrolle stelle sicher, dass sich die durch die Nutzung des IT-Systems verursachten Kosten in Grenzen halten und dass dieses auch nicht überlastet werde.
- Insbesondere E-Mails seien ein Mittel, um Geschäftsgeheimnisse zu verraten oder strafbare Handlungen wie zum Beispiel Beleidigungen zu begehen. Dies könne eine Überwachung weithin verhindern.

---

[1] Zur Verbesserung der Lesbarkeit wird auf die doppelte Nennung männlicher und weiblicher Bezeichnungen verzichtet. Wenn im Folgenden z.B. von Mitarbeitern oder Arbeitnehmern die Rede ist, sind damit sowohl männliche als auch weibliche Personen gemeint.

[2] *Borchers*, Detlef (2004), PC-Spionage am Arbeitsplatz und zu Hause, in: c't - Magazin für Computertechnik, 23/2004, S. 146.

[3] Vgl. *Däubler*, Wolfgang (2004), Internet und Arbeitsrecht, 3., akt. Aufl., Frankfurt am Main: Bund-Verlag, S. 122.

- Die Einschaltung in die Kommunikation mit Dritten könne wichtige Informationen darüber bringen, ob Kunden korrekt und mit der gewünschten Freundlichkeit behandelt werden.
- Ein Kontrollsystem könne gegen Wirtschaftsspionage schützen, die auch zu Lasten deutscher Unternehmen bereits aufgetreten sei.

Anhaltspunkte über das Ausmaß der technischen Arbeitnehmerüberwachung in Deutschland liefert eine Umfrage der Unternehmensgruppe Steria Mummert Consulting.[4] Die Studie ergab, dass Unternehmen ihren Mitarbeitern gegenüber misstrauischer werden. So sollen im Jahr 2005 38% der befragten Arbeitnehmer an ihrem PC-Arbeitsplatz überwacht worden sein, und nur jeder vierte war sich sicher, dass keine Überwachung von Festplatte, Internetseiten oder E-Mails stattfindet. Zwei Jahre zuvor hatten noch zwei Drittel angegeben, nicht überwacht zu werden.

In den USA ist die Überwachung des PC-Arbeitsplatzes und des E-Mailverkehrs fast schon selbstverständlich: Der Anteil stieg von 40% im Jahr 2000 auf ca. 80% im Jahr 2002.[5]

Doch nicht nur der Anteil der überwachten Arbeitnehmer wächst, sondern auch die Akzeptanz seitens der von diesen Maßnahmen Betroffenen - zumindest nach den Daten der Steria Mummert-Studie. Auf die Frage „Haben Sie Verständnis dafür, dass Ihr Unternehmen mit Überwachungsprogrammen arbeitet?“, antworteten im Jahre 2005 56,1% der Befragten mit Ja. Zwei Jahre zuvor lag der Zustimmungswert bei 43,7%.[6]

Weitaus kritischer wird das Thema Arbeitnehmerüberwachung dagegen von den Gewerkschaften angegangen. Die Dienstleistungsgewerkschaft ver.di hat bereits im Jahr 2002 eine Kampagne unter dem Namen „Onlinerechte für Beschäftigte“ gestartet. Als Ziele der Online-Kampagne nennt ver.di einen freien Zugang von Betriebsräten, Personalräten und Gewerkschaften zu Intranet und E-Mailsystemen, einen offenen Zugang für die Beschäftigten zu Internetdiensten, die Reglementierung der technischen Kontrollmög-

---

[4] Vgl. *Überwachung am Arbeitsplatz nimmt zu*, Online im Internet: URL: http://www.systems-world.de/id/8213/CMEntries_ID/86675/cubesig/20e767a892dde832260558a0a688c309 [12.01.07].

[5] Vgl. *ver.di-Kampagne „Onlinerechte für Beschäftigte“: Informationen über Hintergrund und Inhalte der Kampagne*, S. 9. Online im Internet: URL: http://www.onlinerechte-fuer-beschaeftigte.de/service/download/onlinerechte-kampa.pdf [12.01.07].

[6] Vgl. *Überwachung am Arbeitsplatz nimmt zu*, a.a.O.

lichkeiten durch den Arbeitgeber sowie die Verabschiedung eines Arbeitnehmerdatenschutzgesetzes.[7] Die Argumente der Gewerkschaft werden später in Kapitel vier dieser Arbeit aufgegriffen und diskutiert werden.

1.1. Ist die technische Arbeitnehmerüberwachung wirtschaftlich begründbar?

Unabhängig von der rechtlichen Zulässigkeit technischer Überwachungsmaßnahmen stellt sich die Frage, warum solche Maßnahmen von den Unternehmensführungen als notwendig erachtet werden bzw. zu welchem Ziel sie durchgeführt werden. Gewinnorientierten Unternehmen wird allgemein unterstellt, dass sie möglichst wirtschaftlich effizient handeln. Alles, was in einem Unternehmen geschieht, sollte daher einer Überprüfung auf seinen betriebswirtschaftlichen Nutzen standhalten.

Um die Kosten, die mit einer technischen Überwachung der Arbeitnehmer verbunden sind, zu rechtfertigen, wird dann etwa auf die Produktivitätskontrolle verwiesen. Für Andreas Biegel ergibt sich aus dem hohen Lohnniveau der Industrieländer die Notwendigkeit, durch Überwachungsmaßnahmen die Produktivität zu steigern.[8] Daher müssten die Arbeitsabläufe sowie auch das Verhalten einzelner Mitarbeiter überwacht werden. Biegel geht dabei offensichtlich von einem direkten Zusammenhang zwischen Überwachung und Rationalisierung aus: „Je intensiver dabei Informationen über Arbeitnehmer gesammelt und analysiert werden, desto besser kann der Arbeitgeber rationalisieren und das Arbeitnehmerverhalten sowie Arbeitsabläufe steuern. Wer über mehr und verlässlichere Daten verfügt als die Konkurrenz, wird einen gewünschten Ablauf eher erreichen und sich dadurch Vorteile im Wettbewerb verschaffen können.“[9]

Hinter dieser Argumentationsweise verbirgt sich ein Menschenbild, dass die Handlungspotenziale der Mitarbeiter eher als Störfaktor begreift, die einen perfektionierten, standardisierten Ablauf bedrohen. Durch Überwachung

---

[7] Vgl. *ver.di-Kampagne „Onlinerechte für Beschäftigte“*, a.a.O., S. 23f.
[8] Vgl. *Biegel*, Andreas (2000), Überwachung von Arbeitnehmern durch technische Einrichtungen, Hamburg: Kovac, S. 1.
[9] *Biegel*, a.a.O., S. 1.

und Steuerung müssen die Mitarbeiter daher dazu gebracht werden, sich ausschließlich normgemäß zu verhalten.

Als weitere Gründe für die zwingende Notwendigkeit technischer Arbeitnehmerüberwachung werden regelmäßig die Verhinderung bzw. Aufklärung von Diebstählen und Betriebsspionage angegeben. Dies sind jedoch nur die - im Verhältnis eher seltenen - Extremfälle abweichenden Verhaltens, denn jeder Flirt unter Mitarbeitern am Kaffeeautomaten und jeder Aufenthalt auf der Toilette, dessen Dauer den statistischen Mittelwert übersteigt, kann letztlich als unerwünschtes, weil produktivitätssenkendes Verhalten ausgelegt werden, das es im Namen der Gewinnmaximierung zu verhindern gilt.

Aus dieser etwas zugespitzten Darstellung sollte ersichtlich werden, dass die Frage der ökonomischen Sinnhaftigkeit einer Überwachungsmaßnahme schwierig zu beurteilen ist. Dazu ein kurzes Beispiel aus der Praxis: Die Deutsche Post installiert in einem Briefverteilzentrum eine umfassende Videoüberwachung, um der Zunahme verloren gegangener Briefe und Päckchen entgegenzuwirken, die vermutlich von Mitarbeitern gestohlen wurden.[10] Auch wenn diese Maßnahme aus juristischer Perspektive nicht nur zulässig, sondern sogar geboten sein kann, um das Allgemeininteresse am grundrechtlich geschützten Briefgeheimnis zu wahren,[11] so bedeutet dies nicht zwangsläufig, dass die Videoüberwachung auch betriebswirtschaftlich sinnvoll ist. Schließlich unterliegt mit der Entscheidung für die umfassende Überwachung die gesamte Belegschaft einem Generalverdacht, der sich negativ auf die Arbeitsmotivation auswirken kann. Es kann auch nicht ausgeschlossen werden, dass einzelne Arbeitnehmer erst durch die Tatsache, von ihrem Arbeitgeber ohnehin als potenziell kriminell eingestuft zu werden, sich zu entsprechenden rechtswidrigen Taten entschließen, die sie dann so sorgfältig geplant begehen werden, dass sie auch durch die technischen Überwachungsmethoden praktisch nicht aufgedeckt werden.

---

[10] Mit dem geschilderten Fall war das BAG befasst. Vgl. *BAG* vom 14.12.2004, 1 ABR 34/03. Das Gericht hatte über die Wirksamkeit eines Spruches der Einigungsstelle zu entscheiden, die im vorliegenden Fall für unwirksam erklärt wurde. (Verstoß gegen § 75 Abs. 2 Satz 1 BetrVG) Siehe auch *Wilke*, Matthias (2005), Videoüberwachung: Zwei Entscheidungen des Bundesarbeitsgerichts sorgen für Verwirrung, in: AiB, H. 4/2005, S. 225-228.

[11] Vgl. *Kaufmann*, Noogie C. (2006), Rechtsprechung zum Datenschutz 2005 – Teil 2, in: DuD 2006, S. 230-235, S. 230.

In juristischen Diskussionen werden die Nebenfolgen der eben skizzierten Art vielfach nicht berücksichtigt, und man darf annehmen, dass Juristen, die über Recht und Unrecht entscheiden müssen, derartige Überlegungen aufgrund der besonderen Logik des Rechtssystems auch gar nicht berücksichtigen können bzw. dürfen. Die Frage nach dem betriebswirtschaftlichen Nutzen des rechtlich Zulässigen ist dennoch äußerst bedeutsam. Natürlich muss ein Manager, der wie in dem obigem Fall beschrieben eine Videoüberwachung einführen will, zunächst wissen, welche rechtlichen Normen er dabei zu beachten hat. Doch während der Jurist mit der Feststellung, dass alle rechtlichen Vorschriften berücksichtigt sind, zufrieden sein kann, sollte der Betriebswirt darüber hinaus eine Vorstellung davon haben, ob sich die Maßnahme letztlich auch für das Unternehmen positiv auswirkt. Die Entscheidungsträger müssen es für grundsätzlich möglich halten, dass eine Überwachungsmaßnahme eventuell auch mehr Schaden anrichten kann, als sie abzuwenden hilft. Erst dann kann für den Einzelfall geprüft werden, ob ein konkretes Überwachungsprojekt aus betriebswirtschaftlicher Sicht sinnvoll ist. Auch diese Problematik wird später in Kapitel vier noch genauer behandelt.

1.2. Auswirkungen auf die Mitarbeiter

Wie der Titel der vorliegenden Arbeit zeigt, sollen *technische* Möglichkeiten der Arbeitnehmerüberwachung vorgestellt und ihre juristische Zulässigkeit diskutiert werden. Davon abzugrenzen sind die Formen der direkteren, persönlichen Überwachung, z.B. der berühmte Blick über die Schulter des Arbeitnehmers, durch den der Vorgesetzte überprüft, was jener gerade so tut.[12] Die oben genannten Kontrollziele können nämlich durch moderne Mikroelektronik und computergesteuerte Bürokommunikationssysteme in einer qualitativ neuartigen Form erreicht werden.[13] Dies ist durchaus auch den Arbeitnehmern bewusst, die der technischen Überwachung unterliegen, so dass man auch fragen muss, wie die Menschen ihre Überwachung sub-

---

[12] Vgl. *Däubler*, Wolfgang (2002), Gläserne Belegschaften?: Datenschutz in Betrieb und Dienststelle, 4., überarb. und erw. Aufl., Frankfurt am Main: Bund-Verlag, Rn. 292.
[13] Vgl. *Biegel*, a.a.O., S. 1.

jektiv empfinden. Die Antwort darauf ist wenig überraschend: „Im Allgemeinen wird die Arbeitnehmerüberwachung durch technische Apparaturen als wesentlich gravierender und bedrohlicher empfunden als die persönliche Leistungskontrolle durch einen Vorgesetzten.“[14]

Die technische Überwachung durch eine Videokamera etwa ist intensiver, sie erlaubt die lückenlose Kontrolle jeder Bewegung. Generell gilt für technische Überwachungsmethoden, dass sie von den Überwachten schwieriger zu bemerken sind und es daher auch schwieriger wird, solche Maßnahmen abzuwenden. Außerdem besteht bei Technikeinsatz die Gefahr der Fehlbewertung. Angestrebt ist zwar vielfach eine möglichst objektive Leistungskontrolle, doch in der Praxis kann leicht das Gegenteil dabei herauskommen. Erfolgt die Leistungskontrolle durch einen Vorgesetzten, der seine Mitarbeiter kennt, z.B. den Werkstattmeister oder den Abteilungsleiter, wird dieser eher relevante Umstände erkennen, die ein möglichen Leistungsdefizit verursacht haben, oder zumindest nachfragen. Wird dagegen eine rein technische Datenerhebung und -speicherung vorgenommen, bleiben alle Umstände des Einzelfalles unberücksichtigt; man spricht daher von einem Kontextverlust, der eine Entindividualisierung zur Folge hat.[15]

Durch die Kombination und Vernetzung moderner Datenverarbeitungssysteme wächst die Gefahr, dass Arbeitnehmer einer Durchleuchtung und Totalkontrolle unterzogen werden. Unter Durchleuchtung versteht Biegel „eine lückenlose Überwachung auch kleinster Details des Arbeits- und Pausenverhaltens [...], die [...] auch den Inhalt von Privatgesprächen in Arbeitspausen oder Angaben über das in der Kantine Verzehrte anhand automatischer Abrechnungen an der Kantinenkasse [erfasst].“[16]

Bei einigen Arbeitnehmern entsteht daher das Gefühl, an eine anonyme, nicht mehr überschaubare technische Apparatur ausgeliefert zu sein, oder sie befürchten, zum Objekt eines von dritter Seite gesteuerten Verfahrens gemacht zu werden.

Je intensiver in einem Betrieb mit technischen Verfahren überwacht wird, desto eher hat jeder einzelne Arbeitnehmer das Gefühl, dass man ihm miss-

---

[14] *Biegel*, a.a.O., S. 1.
[15] Vgl. *Biegel*, a.a.O., S. 2.
[16] *Biegel*, a.a.O., S. 2.

traut. Das hat eine weit reichende Verhaltensanpassung zur Folge bis hin zu dem Bestreben, unter keinen Umständen negativ aufzufallen. Im Ergebnis herrscht dann bei der Belegschaft ein Zwang zur Selbstkontrolle vor. So wird jedoch jeder Impuls spontanen Verhaltens unterdrückt, was im Endeffekt nicht dazu beitragen kann, die Arbeitsproduktivität zu erhöhen. Gegen diese Sichtweise wird bisweilen argumentiert, dass nur derjenige Arbeitnehmer durch die elektronische Verarbeitung personenbezogener Daten etwas zu befürchten habe, dessen Leistung oder Verhalten nicht in Ordnung sei. Behauptungen solcher Art bezeichnet Biegel jedoch völlig zu Recht als verharmlosend.[17]

1.3. Gang der Bearbeitung

Nach diesen ersten Ausführungen, die den Leser mit der grundsätzlichen Problematik der technischen Arbeitnehmerüberwachung vertraut gemacht haben, soll nun der weitere Gang der Bearbeitung skizziert werden. Im folgenden zweiten Kapitel soll zunächst dargestellt werden, welche Möglichkeiten der technischen Überwachung es heute gibt. Dabei geht es nicht darum, den letzten Stand des technisch Machbaren darzustellen, sondern gängige Überwachungstechniken vorzustellen, die in der Praxis tatsächlich zum Einsatz kommen. Den Schwerpunkt der Arbeit bildet dann Kapitel drei mit der Diskussion der rechtlichen Probleme, die sich aus der Arbeitnehmerüberwachung ergeben. In Kapitel vier schließlich wird der betriebswirtschaftliche Nutzen einer umfassenden Arbeitnehmerüberwachung hinterfragt werden. Selbst wenn die technische Verhaltenskontrolle der Arbeitnehmer rechtmäßig ist, ist damit noch nicht erwiesen, dass sie nach betriebswirtschaftlichen Kriterien auch effizient ist. Mit anderen Worten: Rechnet sich die umfassende Überwachung für die Unternehmen überhaupt, oder ist sie letztlich demotivierend und kontraproduktiv? Die Ergebnisse dieser Arbeit werden dann im fünften Kapitel zusammengefasst.

---

[17] Vgl. *Biegel*, a.a.O., S. 3.

2. Arten der technischen Arbeitnehmerüberwachung

Da eine exakte Beurteilung der rechtlichen Hintergründe und Konsequenzen der technischen Arbeitnehmerüberwachung nur bei Kenntnis der technischen Grundlagen möglich ist, geht es in den folgenden Abschnitten darum, einige elementare technische Grundlagen zu vermitteln. In dieser Arbeit, die keinen Anspruch erheben kann, sämtliche Bereiche der Arbeitnehmerüberwachung abschließend zu behandeln, werden fünf große Problemfelder thematisiert:

- Zeiterfassungs- und Zugangskontrollsysteme
- Personalinformationssysteme
- Videoüberwachung öffentlicher und nicht-öffentlicher Räume
- Telefonüberwachung
- Computerüberwachung einschließlich der Überwachung von E-Mail, Intranet und Internet.

Dabei erfordert die Komplexität der Gesetzeslage bei der juristischen Diskussion der verschiedenen Formen der Computerüberwachung eine starke Differenzierung, da hier abhängig von den konkreten Details des Sachverhalts ganz unterschiedliche Rechtsnormen einschlägig sein können. Für eine erste Annäherung an dieses komplizierte Themenfeld erscheint es indes sinnvoll, alle Überwachungsformen, die mit der Datenverarbeitung von und zwischen Computern zu tun haben, in einem Abschnitt darzustellen.

2.1. Zeiterfassungs- und Zugangskontrollsysteme

Eine sehr verbreitete Art der Arbeitnehmerüberwachung ist die Kontrolle von Arbeitsbeginn, Arbeitsende und Arbeitspausen durch Stechuhren oder elektronische Zeiterfassungssysteme.[18] Moderne elektronische Systeme bieten dabei auch die Möglichkeit, den Abwesenheitsgrund dauerhaft zu speichern, und erlauben eine Weiterverarbeitung der Daten für Abrechnungszwecke sowie zur Erfassung von Mehrarbeit, Urlaub oder Krankheit. Mitt-

---

[18] Vgl. *Höld*, Florian (2006), Die Überwachung von Arbeitnehmern, Hamburg: Kovac, S. 56f.

lerweise erfolgt die Zeiterfassung oftmals mit Hilfe von Chip- oder Magnetkarten. Dies erlaubt es, die Arbeitszeitkontrolle mit einer Zugangskontrolle zu verknüpfen, z.B. wenn Drehkreuze passiert werden müssen oder Türen nur geöffnet werden können, nachdem die Zugangsberechtigung mit einer gültigen Chip- oder Magnetkarte überprüft wurde. Die Intensität der Arbeitnehmerüberwachung kann dabei als eher gering angesehen werden, wenn lediglich das Betreten des Betriebsgeländes durch einen Mitarbeiter kontrolliert und erfasst wird, sich dieser Mitarbeiter anschließend jedoch frei auf dem Betriebsgelände bewegen kann. Es liegen dann nur Daten darüber vor, in welchem zeitlichen Rahmen sich die Person im Betrieb aufgehalten hat, jedoch nicht über den Aufenthaltsort innerhalb des Betriebs oder gar die Tätigkeit der Person. Die Überwachung des Arbeitnehmers nimmt indes eine neue Qualität an, wenn es auch innerhalb des Betriebs weitere Zugangskontrollen, z.B. für sicherheitsrelevante Bereiche, gibt. Im Extremfall kann dann nämlich mit Hilfe der elektronischen Datenverarbeitung ein vollständiges Bewegungsprofil des Mitarbeiters erstellt werden, d.h. durch die Datenerhebungen aller Zugangskontrollsysteme kann nicht nur festgestellt werden, wo sich ein Mitarbeiter aktuell aufhält, sondern auch, wo und für wie lange er sich in der Vergangenheit aufgehalten hatte. Je mehr innerbetriebliche Zugangskontrollen es gibt, desto deutlicher werden die Bewegungsprofile sämtlicher Mitarbeiter, und je mehr Daten dieser Art erhoben und gespeichert werden, umso eher lassen sich daraus Rückschlüsse auf das Arbeitsverhalten ziehen. Am Flughafen München z.B. sind über 20.000 Menschen, die dort tätig sind, mit einer persönlich codierten Prozessorchipkarte ausgestattet, die die jeweiligen Einsatzbereiche und Berechtigungsprofile enthält. Viele Mitarbeiter halten sich arbeitsbedingt an wechselnden Orten innerhalb des Flughafenbereichs auf und passieren täglich eine Vielzahl von elektronischen Schleusen. Allein im Sicherheitssystem dieses einen Flughafens werden daher täglich ca. 500.000 Kontrollvorgänge registriert.[19]

---

[19] Vgl. *Biegel*, a.a.O., S. 9.

2.2. Personalinformationssysteme

Personalinformationssysteme sind Computerprogramme, die eine elektronische Führung der Personalakten ermöglichen.[20] Man unterscheidet hier zwischen administrativen Aufgaben, z.B. Lohn- und Gehaltsabrechnung oder Vorbereitung von personellen Einzelmaßnahmen, und dispositiven Aufgaben, z.B. der computergestützten Personalplanung. Personalinformationssysteme erlauben es, die unterschiedlichsten Informationen, die über einen Mitarbeiter vorliegen können, in das System zu integrieren. Des Weiteren können die gespeicherten Mitarbeiterdaten für Prognosen, Statistiken und Bewertungen miteinander verknüpft werden. Die systematische Verarbeitung von Mitarbeiterdaten liefert dem Personalmanagement Erkenntnisse, die bei einer weniger geordneten Datenlage aller Wahrscheinlichkeit nach nicht gewonnen werden könnten. Für den einzelnen Mitarbeiter bedeutet dies u.a. auch, dass er transparenter wird und seine Arbeitsleistung und sein Verhalten in stärkerem Maße kontrolliert, gespeichert und verglichen werden können. Personalinformationssysteme sollen letztlich zur Effizienzsteigerung beitragen, wie auch aus der Definition von Biegel ersichtlich wird: „Von seiner Aufgabenstellung her betrachtet lässt sich ein Personalinformationssystem beschreiben als ein System, das aus allen wichtigen Quellen mit Hilfe technischer, organisatorischer und methodischer Instrumente entscheidungsrelevante Daten über das Personal vollständig und geordnet erfasst, speichert und auswertet, um die zur zielgerichteten Wahrnehmung von Führungs- und Verwaltungsaufgaben im Personalbereich benötigten Informationen zu liefern."[21]

In diesem Leistungsvermögen moderner Personalinformationssysteme ist auch deren Gefahr zu sehen. Daten können beliebig kombiniert werden, somit können auch Persönlichkeitsprofile der Mitarbeiter erstellt werden. Das Horrorszenario des gläsernen Mitarbeiters ist keineswegs eine wirklichkeitsferne Utopie, denn schon in den Siebziger Jahren speicherte das Personalinformationssystem eines westdeutschen Stahlwerks ca. 5.000 Datenarten, darunter Rentenversicherungsnummer, Lärm- und Gasverträglich-

---

[20] Vgl. *Höld*, a.a.O., S. 60ff.
[21] *Biegel*, a.a.O., S. 18.

keit, aber auch Parteizugehörigkeit.[22] Ein weiteres Problem besteht in der theoretisch zeitlich unbegrenzten Speicherung all dieser Daten. Während manuell erhobene Daten entweder vergessen werden oder teilweise in Archiven abgelegt werden, auf die faktisch kaum zugegriffen wird, sind die elektronisch gespeicherten Informationen jederzeit an jedem Ort abrufbar. Durch den ständigen technischen Fortschritt entstehen immer umfassendere Möglichkeiten der elektronischen Datensicherung. Die Angst vieler Menschen, zum gläsernen Mitarbeiter oder Bürger zu werden, ist vor diesem Hintergrund nicht ganz unberechtigt. Andererseits wächst mit zunehmender Datenspeicherung in elektronischer Form auch die Gefahr des Datenverlusts. Durch Systemabstürze oder Virenbefall können Daten vernichtet werden, aber auch die technische Funktionsfähigkeit und Lebensdauer von Speichermedien wie Festplatten, Magnetbändern oder CD-ROMs ist begrenzt. Ohne eine entsprechende Mehrfachsicherung können sich daher zukünftig Fälle häufen, bei denen wichtige Daten nicht mehr lesbar und somit verloren sind.

2.3. Videoüberwachung

Infolge technischer Entwicklungen sind Videokameras immer kostengünstiger und kleiner geworden. Rein technisch betrachtet ist es daher für Arbeitgeber kein Problem, nahezu jede betriebliche Bewegung zu beobachten. Da moderne Minikameras nicht viel größer als ein Stecknadelkopf sind, nehmen auch die Möglichkeiten einer verdeckten, heimlichen Mitarbeiterüberwachung zu.[23] Typischerweise können moderne Überwachungskameras auch Rundumschwenke vollziehen sowie durch fokussierbare Objektive bestimmte Raumabschnitte schärfer auflösen. Wird das Bild, das eine Überwachungskamera liefert, lediglich andernorts auf einem Bildschirm gezeigt, spricht man auch von „Monitoring". Inzwischen ist es jedoch ohne größere Kosten möglich, Videoaufnahmen zu archivieren und gegebenen-

---

[22] Vgl. *Biegel*, a.a.O., S. 19.
[23] Vgl. *Höld*, a.a.O., S. 86.

falls mit digitalen Bildbearbeitungsprogrammen zu bearbeiten, z.B. Vergrößerungen von einzelnen Bildausschnitten anzufertigen.
Als Argument für den betrieblichen Einsatz von Videokameras wird etwa die Aufdeckung von Sabotagehandlungen und Eigentumsdelikten genannt. Außerdem versucht man damit die Verletzung von arbeitsvertraglichen Pflichten festzustellen, z.B. Schlafen während der Arbeitszeit, unsauberes und unhygienisches Arbeiten im Lebensmittelbereich, Nutzen des Kopierers für private Zwecke, Computerspiele während der Arbeitszeit, Sex am Arbeitsplatz oder erheblicher Alkoholgenuss.[24]

2.4. Telefonüberwachung

Zum Bereich der Telefonüberwachung gehören zunächst das Abhören und Mithören von Telefongesprächen. Dies geschieht etwa, wenn Privatgespräche während der Arbeitszeit verhindert werden sollen, oder wenn ein Mitarbeiter unter Verdacht steht, Geschäftsgeheimnisse zu verraten.[25] Vielfach wird jedoch auch einfach aus Gründen der Mitarbeiterschulung mitgehört: Der Vorgesetzte überprüft das Telefonverhalten z.B. des Call-Center-Mitarbeiters, um die Technik der Gesprächsführung optimieren zu können.
Moderne Telefonanlagen sind eine besondere Form von Computeranlagen, die neben der Grundfunktion des Telefonierens viele zusätzliche Leistungsmerkmale aufweisen.[26] Gemeint sind zum einen Zusatzfunktionen bei der Gesprächsvermittlung wie Wahlwiederholung, Anklopfen mit automatischem Rückruf oder die Anrufweiterleitung auf eine andere Nebenstelle, wenn die gewählte Nummer besetzt ist. Zum zweiten verfügen elektronische Telefonanlagen über Telefondatenerfassungssysteme, die Analysen der Gebührenkostenverteilung und Kostenstellenrechnungen erlauben.[27] Systeme dieser Art sind zudem auch in der Lage, zwischen Dienst- und Privatgesprä-

---

[24] Vgl. *Tinnefeld*, Marie-Theres / *Viethen*, Hans-Peter (2003), Das Recht am eigenen Bild als besondere Form des allgemeinen Persönlichkeitsrechts - Grundgedanken und spezielle Fragen des Arbeitnehmerdatenschutzes, in: NZA, H. 9/2003, S. 468-473, S. 471.
[25] Vgl. *Biegel*, a.a.O., S. 13.
[26] Vgl. *Biegel*, a.a.O., S. 14f.
[27] Vgl. *Gliss*, Hans / *Kramer*, Philipp (2006), Arbeitnehmerdatenschutz: Aktionsfelder für Betriebsräte, Frankfurt am Main: Bund-Verlag, S. 71.

chen zu unterscheiden, indem der Anrufer vor der eigentlichen Rufnummer eine Kennziffer wählt.

2.5. Computerüberwachung

Arbeitnehmer erledigen heutzutage den überwiegenden Teil anfallender Büroaufgaben unter Verwendung von Personal Computern, die Teil eines Firmennetzwerks sind. Doch nicht jeder Arbeitnehmer weiß, dass es mittlerweile Softwareprogramme gibt, die es dem Arbeitgeber ermöglichen, Mitarbeiter des Betriebes zu überwachen und deren Tätigkeit detailliert nachzuvollziehen. Unternehmen reagieren damit auf die ihrer Ansicht nach gestiegene Gefahr, durch vertragswidrige Aktivitäten der eigenen Mitarbeiter geschädigt zu werden. Da die Mitarbeiter mit der Einführung des Internets und der Möglichkeit, elektronische Nachrichten über Computer zu versenden, in die Lage versetzt wurden, unbemerkt vom Arbeitgeber private Angelegenheiten während der Dienstzeit zu verrichten, wächst das Interesse des Arbeitgebers zu überprüfen, wie die Beschäftigten im Detail ihre Arbeitszeit nutzen.[28] Rein technisch ist es relativ problemlos möglich, die Aktivität eines einzelnen Computerarbeitsplatzes an anderer Stelle zu überprüfen, zu analysieren und zu speichern, ohne dass der dergestalt überwachte Arbeitnehmer etwas davon bemerkt. Unternehmen setzen zunehmend Software (so genannte Spyware) ein, mit der sie auch die Nutzung von Internet und E-Mail kontrollieren können. Programme dieser Art erlauben es darüber hinaus, den Inhalt von E-Mails mitzulesen sowie Tastaturmitschnitte oder Protokolle von sämtlichen PC- und Internet-Aktivitäten der Mitarbeiter zu erstellen.[29] Dem Arbeitsrechtsexperten Peter Wedde zufolge ist der Anreiz für Unternehmen groß, Überwachungssoftware einzusetzen, da die einschlägigen Produkte nicht nur einfach zu implementieren, sondern auch re-

---

[28] Vgl. *Jaeger*, Stefan (2001), Vorsicht bei Überwachungssoftware, in: AuA, H. 9/2001, S. 402-404, S. 402. Siehe auch *Dickmann*, Roman (2003), Inhaltliche Ausgestaltung von Regelungen zur privaten Internetnutzung im Betrieb, in: NZA, H. 18/2003, S. 1009-1013, S. 1009.

[29] Vgl. *Mesmer*, Alexandra (2003), Nutzung von Internet und E-Mail am Arbeitsplatz: Fragile Grenzen der Mitarbeiterkontrolle: Interview mit Prof. Dr. Peter Wedde, in: Computerwoche, 25.04.2003, Nr. 17, S. 44. Siehe auch *Barton*, Dirk (2003), E-Mail-Kontrolle durch Arbeitgeber, in: Computer und Recht, H. 11/2003, S. 839-844, S. 839.

lativ günstig sind: Die Kosten betragen zwischen 50 und 100 Euro pro Arbeitsplatzlizenz. Der Arbeitgeber gewinnt damit technisch die Möglichkeit, fast alles zu überwachen: den Eingang und Versand der E-Mails, den gesamten Inhalt oder nur bestimmte Suchworte innerhalb der E-Mails.

Laut Stefan Jaeger fehlt es manchen Arbeitgebern noch an Unrechtsbewusstsein.[30] Der Zusammenhang zwischen zulässiger Mitarbeiterüberwachung und eventuell unzulässiger Beeinträchtigung der Persönlichkeitssphäre wird vielfach verkannt. Seitens der Arbeitgeber wird regelmäßig als rechtfertigendes Argument für den Einsatz solcher Software angeführt, dass heutzutage in vielfältiger Weise die Freiheit der Arbeitsgestaltung durch die Mitarbeiter missbraucht und sowohl dienstliche Infrastruktur als auch Arbeitszeit für rein private Zwecke zweckentfremdet werden. Oftmals unterstellen Arbeitgeber sogar, die Mitarbeiter würden Betriebsspionage betreiben und vertrauliche Dokumente mittels elektronischer Verbindungen aus dem Unternehmen schleusen.[31] Viele Unternehmer halten den Einsatz einer solchen Spionagesoftware daher für unabdingbar, um die Interessen des Unternehmens zu wahren. Dieser Auffassung steht jedoch der Schutz des Persönlichkeitsrechts des Arbeitnehmers entgegen. Zu Recht weist Jaeger darauf hin, dass mit dem Anstieg der elektronischen Überwachungsmöglichkeiten die Abgrenzung des rechtlich noch Erlaubten zunehmend an Bedeutung gewinnt. Für Fälle dieser Art, bei denen unvermeidlich schutzwürdige Interessen von Arbeitgebern auf der einen Seite sowie Arbeitnehmern auf der anderen Seite aufeinanderprallen, könnte ein Arbeitnehmerdatenschutzgesetz mehr rechtliche Transparenz schaffen.[32] Die Verabschiedung eines solchen Gesetzes rückt aufgrund vielfältiger Verzögerungen jedoch in immer weitere Ferne.

---

[30] Vgl. *Jaeger*, a.a.O., S. 402.

[31] Vgl. *Jofer*, Robert / *Wegerich*, Christine (2002), Betriebliche Nutzung von E-Mail-Diensten: Kontrollbefugnisse des Arbeitgebers, in: K&R, H. 5/2002, S. 235-240, S. 235.

[32] *Däubler*, Gläserne Belegschaften?, a.a.O., bemerkt dazu: „Sinnvoll wäre, dass ein künftiges Arbeitnehmerdatenschutzgesetz einheitliche Regeln für sämtliche ‚Schichten' der Telekommunikation schaffen, insbesondere die Differenzierung zwischen dienstlicher und privater Nutzung aufheben würde. Hierin läge auch ein wichtiger Beitrag zur Übersichtlichkeit und Handhabbarkeit des geltenden Rechts, die derzeit - um es zurückhaltend auszudrücken - nicht voll verwirklicht ist." (S. 165). Ähnlich argumentiert *Thon*, Horst (2002), Arbeitnehmerdatenschutz auf dem Vormarsch?, in: AiB, H. 9/2002, S. 524-528.

2.5.1. Überwachung der Internet- und Intranetnutzung

Auch ohne spezielle Überwachungssoftware hinterlässt jede Benutzung des Internets oder Intranets Spuren, da die üblichen Standard-Internetprogramme (Browser) Protokolldateien (Logfiles) anlegen.[33] Deren Auswertung zeigt dann, welche Webseiten aufgerufen wurden. Somit kann das Arbeitsverhalten am jeweiligen PC-Arbeitsplatz überprüft werden. Bereits abgerufene Seiten werden auf einer lokalen Festplatte zwischengespeichert (Cache), damit sie bei einem neuen Zugriff schneller verfügbar sind. Des Weiteren lässt sich über die Verlaufs- oder Historyfunktion der Browserprogramme nachvollziehen, wann welche Webseiten aufgerufen wurden.[34]

Der Einsatz spezieller Überwachungssoftware erlaubt inzwischen aber auch, ganz gezielte Kontrollinteressen zu befriedigen. Als Computerüberwachung im engeren Sinne sollen Maßnahmen bezeichnet werden, durch die sämtliche Aktivitäten an einem einzelnen bestimmten PC-Arbeitsplatz protokolliert werden, z.B. welche Dateien mit welchen Programmen wann und wie lange bearbeitet werden. Die Grenze zur Netzwerküberwachung ist allerdings etwas undeutlich, da die gewonnenen Daten wiederum nicht lokal abgespeichert werden müssen, sondern mit der Erhebung sogleich über ein Netzwerk an die überwachende Stelle gelangen. Ebenso können die Dateien, deren Bearbeitung an einem bestimmten Arbeitsplatz kontrolliert wird, auf einer Festplatte gespeichert sein, auf die innerhalb eines Netzwerks zugegriffen werden kann, so dass gleichzeitig auch eine Protokollierung dieses Netzwerksdatenverkehrs stattfindet.

Einige Programme überprüfen insbesondere Netzwerkaktivitäten. „Die Funktionsvielfalt ist erstaunlich groß und beinhaltet z.B. die folgenden Funktionen: Sie werten aus, welche Dienste des Internets der Anwender benutzt, wie lange er dies tut, wie viele Datenpakete er bei der Nutzung des

---

[33] Vgl. *Hanau*, Peter / *Hoeren*, Thomas (2003), Private Internetnutzung durch Arbeitnehmer: die arbeits- und betriebsverfassungsrechtlichen Probleme, München: Beck, S. 14. Siehe auch *Perreng*, Martina (2005), Onlinerechte für Beschäftigte: Was tut sich beim Arbeitnehmerdatenschutz?, in: AiB, H. 11/2005, S. 642-644, S. 642.

[34] Vgl. *Weißnicht*, Elmar (2003), Die Nutzung des Internet am Arbeitsplatz, in: MMR, H. 7/2003, S. 448-453, S. 449.

jeweiligen Dienstes über das Netz überträgt und ob er unproduktive Seiten aufruft. Daneben werden alle von den Anwendern aufgerufenen Internetseiten mit Datums- und Zeitangaben festgehalten. Die von den Programmen ermittelten Daten können in grafischen Übersichten und Tabellen aufgelistet werden.“[35]

Durch so genannte Firewall-Programme können bestimmte Webseiten für die Anwender des eigenen Netzes gesperrt werden. Das Programm kann auch so eingestellt sein, dass es den Zugriff zwar erlaubt, den Systemadministrator jedoch mit einer Alarmmeldung über den Zugriff informiert. Des Weiteren kann die Überschreitung einer bestimmten Datenmenge eine Alarmmeldung oder den Aufruf eines Programms zur Folge haben.[36]

2.5.2. E-Mailüberwachung

Ähnlich vielfältig sind die Überwachungsmöglichkeiten des E-Mailverkehrs. Populäre E-Mailprogramme wie Microsofts Outlook sind standardmäßig so konfiguriert, dass versendete Nachrichten in einem Ordner gespeichert werden. Der Befehl, eine E-Mail zu löschen, führt zunächst nur dazu, dass diese in einen Ordner für gelöschte Nachrichten verschoben wird. Das gilt für empfangene wie versendete Nachrichten gleichermaßen. Wiederholt man in diesem Ordner den Löschbefehl, fragt das Programm nach, ob die Nachrichten tatsächlich endgültig gelöscht werden sollen. Wenn man dies mit ja beantwortet, verschwinden die Nachrichten zwar aus den Ablageordnern des Programms, sind jedoch immer noch nicht gelöscht, sondern noch auf der Festplatte vorhanden.[37] Nur mit einiger Fachkenntnis und unter Zuhilfenahme eines speziellen Hilfsprogramms kann ein Computernutzer sicherstellen, dass zu löschende Nachrichten unwiderruflich vernichtet werden.

Es gibt auch Überwachungssoftware, mit der die meist unverschlüsselten Benutzerdaten (Benutzername und Passwort) aus einem POP3-Mailprotokoll entnommen werden können. Somit kann auf den Mail-

---

[35] *Hanau / Hoeren*, a.a.O., S. 16.
[36] Vgl. *Hanau / Hoeren*, a.a.O., S. 17.
[37] Vgl. *Hanau / Hoeren*, a.a.O., S. 15.

Account eines Dritten zugegriffen werden, d.h. es können fremde Nachrichten gelesen werden oder auch Nachrichten unter fremden Namen verschickt werden.[38] Des Weiteren kommen vielfach so genannte Content-Searcher zum Einsatz, die E-Mails und deren Anhang nach Computerviren und bestimmten Stichwörtern durchsuchen.[39] Bei Sucherfolgen wird die Nachricht dann etwa in ein festgelegtes Verzeichnis kopiert und / oder eine Mitteilung an einen Systemadministrator erstellt.[40]

2.6. Zwischenergebnis

Aufgrund der technologischen Weiterentwicklungen stehen Arbeitgebern heute eine Vielzahl von Systemen zur Verfügung, mit denen Arbeitnehmer bei der Ausübung ihrer Arbeit überwacht werden können. Die beschriebenen Überwachungsmaßnahmen tragen zu einer besseren Durchschaubarkeit des betrieblichen Arbeitsgeschehens, von Arbeitsabläufen und Arbeitsergebnissen bei. Das bedeutet aber auch: Das Management erhält qualitativ neue Kontroll- und Überwachungsmöglichkeiten. Es ist nun auch möglich, ohne direkte Beteiligung eines Menschen Informationen über einzelne Arbeitnehmer zu sammeln.[41] Die Grundrechte der Mitarbeiter sind damit jedoch in besonderer Weise gefährdet, wie auch Georgios Gounalakis und Lars Rhode richtig erkennen: „Vor allem im Rahmen der neuen Informations- und Kommunikationstechnologien mag es zu bislang nicht abschätzbaren Gefährdungslagen kommen, die eine Ausweitung des allgemeinen Persönlichkeitsschutzes erfordern."[42] Peter Wedde sieht als entscheidendes Manko, dass den direkt betroffenen Arbeitnehmern keine spezifischen gesetzlichen Schutzmechanismen zur Verfügung stehen: „Weil ein Arbeitnehmerdatenschutzgesetz nach wie vor fehlt, bleibt Betroffenen im Konfliktfall nur der Rückgriff auf allgemeine Normen wie etwa die des Bundes-

---

[38] Vgl. *Hanau / Hoeren*, a.a.O., S. 17.
[39] Praktisch und juristisch bedeutsam ist außerdem die so genannte E-Mail-Filterung, durch die unerwünschte Werbe-E-Mails aussortiert werden sollen. Siehe dazu *Schmidl*, Michael (2005), E-Mail-Filterung am Arbeitsplatz, in: MMR, H. 6/2005, S. 343-348.
[40] Vgl. *Hanau / Hoeren*, a.a.O., S. 18.
[41] Vgl. *Biegel*, a.a.O., S. 22.
[42] *Gounalakis*, Georgios / *Rhode*, Lars (2002), Persönlichkeitsschutz im Internet - Grundlagen und Online-Spezifika, München: Beck, S. 125.

datenschutzgesetzes (BDSG). Dessen Regelungen stellen indes unter den besonderen Bedingungen des Arbeitsverhältnisses, das von ungleichen Kräften der beteiligten Parteien geprägt ist, keinen hinreichenden Datenschutz sicher."[43]

[43] *Wedde*, Peter (2003), Arbeitnehmerdatenschutz in der Praxis - Möglichkeiten und Grenzen des Persönlichkeitsschutzes im Arbeitsverhältnis, in: AiB, H. 12/2003, S. 727-734, S. 727.

3. Rechtliche Bewertung der einzelnen Überwachungsarten

Im folgenden Kapitel, das den Schwerpunkt dieser Arbeit darstellt, soll nun der rechtliche Rahmen der technischen Arbeitnehmerüberwachung vorgestellt werden. Obgleich man sowohl das Interesse des Arbeitgebers anerkennen muss, die Arbeitsproduktivität zu überprüfen als auch sein Interesse, sich vor Diebstahl und Spionage zu schützen, so kommt es doch sehr darauf an, in welcher Form und in welchem Umfang dies geschieht. Denn von den oben beschriebenen Überwachungs- und Kontrollmaßnahmen gehen auch Gefahren für die Persönlichkeit der betroffenen Arbeitnehmer aus, so dass die rechtliche Zulässigkeit einer konkreten Maßnahme vor dem Hintergrund des verfassungsrechtlich garantierten und besonders geschützten Persönlichkeitsrechts beurteilt werden muss.[44] Dies macht es jedoch erforderlich, vor der juristischen Diskussion der einzelnen Überwachungsarten eine Vorüberlegung anzustellen: Es geht nämlich um die Klärung der Frage, ob und inwieweit Arbeitgeber und Arbeitnehmer, die bei geltender Vertragsfreiheit ihre Beziehungen durch einen Arbeitsvertrag geregelt haben, in der Ausgestaltung des Vertragsinhalts an die Einhaltung bestimmter Grundrechte gebunden sind.

3.1. Vorüberlegung: Zum Problem der Grundrechtsbindung von Arbeitsvertragsparteien

Die klassische Theorie der Grundrechte versteht diese als Schutzrechte, die der Bürger vor der staatlichen Macht erhalten soll. Grundrechte entfalten demzufolge keine Wirkung im Verhältnis der Bürger untereinander.[45] Dem Wortlaut des Art. 1 Abs. 3 GG zufolge sind Gesetzgebung, vollziehende Gewalt und Rechtsprechung, d.h. die öffentliche Gewalt, an die Grundrechte gebunden.[46] Private Rechtssubjekte sind dort nicht genannt, woraus man den Schluss ziehen könnte, dass diese in ihrem rechtsgeschäftlichen Handeln

---

[44] Vgl. *Biegel*, a.a.O., S. 23.
[45] Vgl. *Brox / Rüthers / Henssler* (2004), Arbeitsrecht, 16., neu bearb. Aufl., Stuttgart: Kohlhammer, S. 42.
[46] Vgl. *Biegel*, a.a.O., S. 28.

keiner Grundrechtsbindung unterliegen. Ein solcher Zustand wäre indes unerträglich, und so wird auch in der Rechtswissenschaft die Notwendigkeit gesehen, dass die im Grundgesetz genannten Grundrechte auch in Vertragsverhältnissen und somit auch in Arbeitsverhältnissen gelten müssen.[47] Offen ist jedoch, in welcher Art und Weise eine solche Grundrechtsbindung begründet werden kann. Es gibt im Wesentlichen drei verschiedene Lehren oder Ansätze, wie diese Problematik zu beantworten sei: die Lehre von der unmittelbaren Drittwirkung, die Lehre von der mittelbaren Drittwirkung sowie die Lehre von der Schutzpflichtfunktion. Sie sollen im Folgenden kurz vorgestellt werden.

3.1.1. Lehre von der unmittelbaren Drittwirkung

In den 50'er Jahren des vergangenen Jahrhunderts wurde u.a. von Hans-Carl Nipperdey die Lehre von der unmittelbaren Drittwirkung der Grundrechte vertreten. Nach dieser Auffassung sollte eine Reihe von Grundrechten auch zwischen Privatpersonen unmittelbar wirken und zwingend verbindlich sein.[48] Die Grundrechte hätten damit eine absolute Wirkung gegenüber jedermann, und jeder könne sich im Privatrechtsverkehr unmittelbar auf sie berufen. Die Anhänger dieser Lehre wollten damit indes keine verbindliche Aussage über jedes Grundrecht treffen. Vielmehr sei die Wirkung für jede Grundrechtsnorm gesondert zu überprüfen.

3.1.2. Lehre von der mittelbaren Drittwirkung

Wie schon aus dem Namen leicht ersichtlich wird, geht die Lehre von der mittelbaren Drittwirkung von einer mittelbaren Geltung der Grundrechte in Individualverträgen aus. Dies geschieht über das Medium zivilrechtlicher Generalklauseln, also in besonderem Maße auslegungsbedürftiger Rechts-

---

[47] Vgl. *Biegel*, a.a.O., S. 28.

[48] Vgl. *Panzer*, Andrea (2004), Mitarbeiterkontrolle und neue Medien, Frankfurt am Main: Peter Lang, S. 117f. Siehe auch *Guckelberger*, Annette (2003), Die Drittwirkung der Grundrechte, in: JuS, H. 12/2003, S. 1151-1157, S. 1153.

normen wie die §§ 138, 242, 315 und 826 BGB.[49] Die Grundrechte greifen demnach nicht unmittelbar in privatrechtliche Rechtsverhältnisse ein, ihr Geist und Grundgedanke beeinflusst jedoch die Richtung, in der Generalklauseln auszulegen und zu konkretisieren sind.

3.1.3. Lehre von der Schutzpflichtfunktion

Zuletzt ist noch die Lehre von der Schutzgebots- oder Schutzpflichtfunktion der Grundrechte zu nennen, die auf Claus-Wilhelm Canaris zurückgeht.[50] Demnach erschöpft sich die Funktion der Grundrechte nicht in Abwehrrechten und Eingriffsverboten, sondern es ergeben sich aus ihnen auch Schutzpflichten des Staates gegenüber den Bürgern. Der Gesetzgeber ist daher zur Schaffung einer Rechtsordnung verpflichtet, die den Schutz der in den Grundrechten normierten Rechtsgüter der Grundrechtsberechtigten gewährleistet. Die Ausführungen von Canaris machen deutlich, dass hier nicht nur der Schutz der Bürger vor dem Staat, sondern auch und gerade der Schutz vor anderen Bürgern gemeint ist: „Dabei geht es nicht um Verletzungen aus der Staatsrichtung, da dafür ja bereits die Dimension der Grundrechte als Eingriffsverbote und Abwehrrechte zur Verfügung steht, sondern um Verletzungen durch andere Bürger, also in der Tat um die Problematik der Drittwirkung. […] Einen wichtigen Anhaltspunkt liefert schon der Wortlaut des Grundgesetzes, indem dieses in Art. 1 Abs. 1 Satz 2 bestimmt, dass die staatliche Gewalt die Menschenwürde nicht nur zu ‚achten', sondern auch zu ‚schützen' hat. Die Bedrohung, vor der geschützt werden soll, kann dabei nur von anderen Bürgern ausgehen, weil Verletzungen der Menschenwürde durch den Staat selbst schon vom Gebot des ‚Achtens', also der Abwehrfunktion, erfasst werden."[51]

Das Bundesverfassungsgericht sieht die Ausstrahlungswirkung der Grundrechte seit einer Entscheidung von 1993 nicht mehr auf die Interpretation

---

[49] Vgl. *Panzer*, a.a.O., S. 119.

[50] Vgl. *Canaris*, Claus-Wilhelm (1984), Grundrechte und Privatrecht, in: AcP 184, H. 3, S. 201-246.

[51] *Canaris*, a.a.O., S. 226.

zivilrechtlicher Generalklauseln beschränkt.[52] Vielmehr sieht das Gericht aufgrund der objektiven Bedeutung der Grundrechte den Gesetzgeber in der Pflicht, Maßnahmen zum Schutz eines Rechtsgutes zu ergreifen. Laut Andrea Panzer kann inzwischen von einer ständigen Rechtssprechung des Bundesverfassungsgerichts in Bezug auf die Schutzpflichtfunktion der Grundrechte gesprochen werden.[53]

3.2. Grundrechte der Arbeitnehmer

Die Brisanz der technischen Arbeitnehmerüberwachung ist nicht zuletzt dem Umstand geschuldet, dass auf beiden Seiten, also bei Arbeitnehmern und Arbeitgebern, von der Rechtsordnung besonders geschützte Grundrechte betroffen sind, die unvermeidlich miteinander kollidieren. Bevor detailliert auf die Rechtslage der einzelnen Überwachungsarten eingegangen wird, werden in den folgenden zwei Abschnitten die Grundrechte vorgestellt, die in diesem Zusammenhang relevant sind: zunächst die Grundrechte der Arbeitnehmer, die bei Überwachungsmaßnahmen beeinträchtigt werden, anschließend die Grundrechte der Arbeitgeber, die zur juristischen Legitimation der Überwachungsmaßnahmen herangezogen werden.

3.2.1. Der Schutz der Menschenwürde (Art. 1 Abs. 1 GG)

Im Wertsystem des Grundgesetzes hat die Würde des Menschen eine besonders hohe Bedeutung. Die sich frei entfaltende Persönlichkeit und ihre Würde bilden den Mittelpunkt dieses Wertsystems.[54] Es bereitet jedoch einige Schwierigkeiten, den Schutzbereich der Menschenwürde zu bestimmen. Es hängt sehr von Zeit und Situation ab, was man unter Menschenwürde versteht; entscheidenden Einfluss hat der zivilisatorische und kulturelle Gesamtzustand einer Gesellschaft.[55] Da die positive Bestimmung der

---

[52] Vgl. *BVerfGE* 89, S. 215, S. 229.
[53] Vgl. *Panzer*, a.a.O., S. 122; *BVerfG* vom 6.5.1997, NJW 1997, S. 1769; *BVerfG* vom 27.1.1998, *BVerfGE* 97, S. 169, S. 175.
[54] Vgl. *BVerfGE* 7, S. 198, S. 205.
[55] Vgl. *Biegel*, a.a.O., S. 30.

Menschenwürde so schwer fällt, begnügt man sich oftmals mit der negativen Abgrenzung. Statt zu definieren, was Menschenwürde sei, beschreibt man Einzelfälle, in denen man die Menschenwürde verletzt sieht. Nach Auffassung des Bundesverfassungsgerichts widerspricht es etwa der Menschenwürde, den Menschen zum bloßen Objekt zu degradieren.[56] Vor diesem Hintergrund hält Biegel es für möglich, dass exzessive Überwachungsmaßnahmen die Würde des Menschen beeinträchtigen und somit das oberste Verfassungsgut missachten.[57]

3.2.2. Das Grundrecht der freien Persönlichkeitsentfaltung (Art. 2 Abs. 1 GG)

Das Recht auf freie Entfaltung der Persönlichkeit beinhaltet neben dem Recht der allgemeinen Handlungsfreiheit auch das allgemeine Persönlichkeitsrecht. Dabei handelt es sich um ein vom Bundesverfassungsgericht geschaffenes Grundrecht, das aus Art. 2 Abs. 1 i.V.m. Art. 1 Abs. 1 GG hervorgeht. Aus diesem abstrakten allgemeinen Grundrecht lassen sich wiederum konkrete Rechte ableiten, die bestimmte schutzwürdige Aspekte abdecken. Dazu gehört z.B. der *Schutz der Intim- und Privatsphäre* als Recht, nicht beobachtet zu werden, sowie das Recht auf Abgeschlossenheit, auf eine Intimsphäre und häusliche Sphäre. Im Amerikanischen existiert für Ansprüche dieser Art der Ausdruck „right to be left alone", der deutlich macht, dass Individuen in dieser Kultur ohne besondere Begründung verlangen können, weitgehend in Ruhe gelassen zu werden.[58]

Ein weiterer Bestandteil des allgemeinen Persönlichkeitsrechts ist das *Recht am eigenen Bild*.[59] Ein solches Recht spielte bereits in der bekannten Herrenreiter-Entscheidung des Bundesgerichtshofs eine Rolle. Nach Auffassung des BGH sei „die menschliche Personhaftigkeit" durch die Art. 1 und 2 GG geschützt. Das Gericht führte weiter aus, schon bevor das Grundgesetz ein allgemeines Persönlichkeitsrecht anerkannt habe, hätte die Rechtslehre die

---

[56] Vgl. *BVerfGE* 9, S. 89, S. 95.
[57] Vgl. *Biegel*, a.a.O., S. 30.
[58] Vgl. *Biegel*, a.a.O., S. 31.
[59] Vgl. *BVerfGE* 34, S. 238, S. 246. Zum geschichtlichen Hintergrund dieses Rechts siehe *Tinnefeld / Viethen*, a.a.O.

unbefugte Veröffentlichung des Bildes eines Menschen als Eingriff in die Freiheit der Selbstbestimmung und der freien Betätigung der Persönlichkeit angesehen.[60] „Das Unzulässige der eigenmächtigen Bildnisveröffentlichung durch einen Dritten liegt darin, dass damit dem Abgebildeten die Freiheit entzogen wird, auf Grund eigener Entschließung über dieses Gut seiner Individualsphäre zu verfügen.“[61]

Schutzwürdig ist auch das *Recht am gesprochenen Wort*. Es besteht darin, dass jeder Einzelne selbst den Adressatenkreis seiner Worte festlegen darf. Bei Tonbandaufzeichnungen ohne Zustimmung des Sprechers kann dieses Recht nicht mehr gewährleistet werden. Folglich leidet darunter auch die Unbefangenheit menschlicher Kommunikation. Hierzu hat das Bundesverfassungsgericht festgestellt: „Die Unbefangenheit der menschlichen Kommunikation würde gestört, müsste ein jeder mit dem Bewusstsein leben, dass jedes seiner Worte, eine vielleicht unbedachte oder unbeherrschte Äußerung, eine bloß vorläufige Stellungnahme im Rahmen eines sich entfaltenden Gesprächs oder eine nur aus einer besonderen Situation heraus verständliche Formulierung bei anderer Gelegenheit und in anderem Zusammenhang hervorgeholt werden könnte, um mit ihrem Inhalt, Ausdruck oder Klang gegen ihn zu zeugen.“[62] Auch Sabine Leutheusser-Schnarrenberger betont, in der Rechtskultur Europas habe die Achtung der Privatheit sowie die Intimität und Vertraulichkeit der Kommunikation eine besondere Bedeutung, es handele sich um Errungenschaften des liberalen, demokratischen Rechtsstaates.[63]

Des Weiteren hat das Bundesverfassungsgericht in seinem Volkszählungsurteil aus dem allgemeinen Persönlichkeitsrecht ein *Recht auf informationelle Selbstbestimmung* abgeleitet. Anlass dieser Entscheidung war die Verfassungsbeschwerde, die eine Vielzahl von Bürgern gegen das Volkszählungsgesetz erhoben hatten, auf dessen Grundlage die Bundesregierung Anfang der 80’er Jahre eine Volkszählung mit sehr detaillierten Datenerhebun-

---

[60] Vgl. *BGHZ* 26, S. 349, S. 355 mit Verweis auf §§22ff KUG.

[61] *BGHZ* 26, S. 349, S. 355.

[62] *BVerfGE* 34, S. 238, S. 246f.

[63] *Leutheusser-Schnarrenberger*, Sabine (2000), Bedeutung von Privatheit und Vertraulichkeit der Kommunikation, in: Siegfried Lamnek (Hg.), Zeit und kommunikative Rechtskultur in Europa, S. 329-331, S. 329.

gen durchführen wollte.[64] Die Verfassungsrichter vertraten die Ansicht, zum Persönlichkeitsrecht gehöre auch die Befugnis des Einzelnen, selbst darüber zu bestimmen, wann und in welchem Rahmen er persönliche Lebenssachverhalte offenbare, d.h. Informationen über ihn an die Öffentlichkeit weitergebe.[65] Das Gericht erkannte die grundsätzliche Notwendigkeit des Datenschutzes an und verwies auf die Gefahren, die von der sich immer weiterentwickelnden automatischen Datenverarbeitung für die informationelle Selbstbestimmung ausgehe:

„Sie ist vor allem deshalb gefährdet, weil bei Entscheidungsprozessen nicht mehr wie früher auf manuell zusammengetragene Karteien und Akten zurückgegriffen werden muss, vielmehr heute mit Hilfe der elektronischen Datenverarbeitung Einzelangaben über persönliche oder sachliche Verhältnisse einer bestimmten oder bestimmbaren Person (personenbezogene Daten) technisch gesehen unbegrenzt speicherbar und jederzeit ohne Rücksicht auf Entfernungen in Sekundenschnelle abrufbar sind. Sie können darüber hinaus - vor allem beim Aufbau integrierter Informationssysteme - mit anderen Datensammlungen zu einem teilweise oder weitgehend vollständigen Persönlichkeitsbild zusammengefügt werden, ohne dass der Betroffene dessen Richtigkeit und Verwendung zureichend kontrollieren kann."[66]

Wolfgang Däubler betont, mit dem Recht auf informationelle Selbstbestimmung habe das Bundesverfassungsgericht nicht etwa ein neues Grundrecht erfunden, es handele sich vielmehr um eine Weiterentwicklung des Persönlichkeitsschutzes im Hinblick auf eine spezifische neue Situation.[67]

3.2.3. Das Gleichheitsgebot (Art. 3 Abs. 1 GG)

Der allgemeine Gleichheitssatz des Art. 3 Abs. 1 GG verbietet dem Gesetzgeber, wesentlich Gleiches willkürlich ungleich zu behandeln. Darüber hinaus gibt es einen arbeitsrechtlichen Gleichbehandlungsgrundsatz, der die

---

[64] Vgl. *Hornung*, Gerrit (2004), Zwei runde Geburtstage: Das Recht auf informationelle Selbstbestimmung und das WWW, in: MMR, H. 1/2004, S. 3-8, S. 3. Siehe auch *Däubler*, Gläserne Belegschaften?, a.a.O., S. 58.

[65] Vgl. *Däubler*, Gläserne Belegschaften?, a.a.O., S. 58.

[66] *BVerfGE* 65, S. 1, S. 42.

[67] Vgl. *Däubler*, Gläserne Belegschaften?, a.a.O., S. 60.

willkürliche Ungleichbehandlung von Arbeitnehmern bei Maßnahmen untersagt, die der einseitigen Gestaltungsmacht des Arbeitgebers unterliegen. Darunter fällt auch die Einführung und Anwendung technischer Überwachungseinrichtungen, so dass einzelne Arbeitnehmer im Verhältnis zu anderen nicht ohne rechtfertigenden Grund besonders häufigen oder intensiven Überwachungsmaßnahmen am Arbeitsplatz ausgesetzt werden dürfen.[68]

3.3. Grundrechte der Arbeitgeber

Es sollen nun die Grundrechte vorgestellt werden, auf die die Arbeitgeberseite sich berufen kann. Dabei gilt es zu beachten, dass der Arbeitgeber keine natürliche Person sein muss, da sich nach Art. 19 Abs. 3 GG auch inländische juristische Personen, z.B. Kapitalgesellschaften (GmbH oder AG) auf Grundrechte berufen können.[69]

3.3.1. Das Recht auf Entfaltung der unternehmerischen Freiheit (Art. 12 Abs. 1 GG i.V.m. Art. 14 GG)

Unter das Grundrecht der Berufsfreiheit gemäß Art. 12 Abs. 1 GG fällt auch das Recht des Unternehmers auf freie unternehmerische Betätigung. Zu diesem Ergebnis kommt man, wenn man den engen funktionalen Zusammenhang zwischen der Berufsfreiheit und der Eigentumsgarantie gemäß Art. 14 GG berücksichtigt.[70] Zwischen den Art. 12 und 14 besteht nach Auffassung von Rupert Scholz kein Verhältnis der Gesetzeskonkurrenz, sondern überwiegend ein Verhältnis der Idealkonkurrenz. „Da Berufsfreiheit und Eigentumsgarantie in ihren wirtschaftlichen Funktionen die gleiche Freiheitssphäre erfassen bzw. prinzipiell identischen Schutzgütern verpflichtet sind“, argumentiert Scholz, „schützen sie gemeinsam die (allgemeine) Wirtschaftsfreiheit bzw. Freiheit der unternehmerischen Betätigung. Diese Freiheiten

---

[68] Vgl. *Biegel*, a.a.O., S. 35.

[69] Vgl. *Pieroth*, Bodo / *Schlink*, Bernhard (2006), Grundrechte: Staatsrecht II, 22., neu bearb. Aufl., Heidelberg: C.F. Müller, S. 36; *Jarass*, Hans / *Pieroth*, Bodo (2006), Grundgesetz für die Bundesrepublik Deutschland: Kommentar, 8. Aufl., München: Beck, Rn. 10a zu Art. 12, S. 297.

[70] Vgl. *Scholz* in *Maunz / Dürig*, Kommentar zum Grundgesetz, Art. 12 Rn. 130.

werden zwar teilweise dem Hauptfreiheitsrecht des Art. 2 Abs. 1 unterstellt, nach Maßgabe des Spezialitätsgrundsatzes sind jedoch sowohl Art. 12 als auch Art. 14 gegenüber Art.2 Abs. 1 vorrangig, so dass die genannten Freiheiten dem Zusammenhang von Art. 12 und Art. 14 allein zu unterstellen sind."[71] Im Ergebnis ist damit die unternehmerische Tätigkeit in ihrer ganzen Vielfalt grundrechtlich geschützt.[72]

3.3.2. Das Recht am eingerichteten und ausgeübten Gewerbebetrieb (Art. 14 GG)

Schwieriger zu beurteilen ist das so genannte Recht am eingerichteten und ausgeübten Gewerbebetrieb. In der Literatur wird wohl überwiegend die Auffassung vertreten, dieses Recht falle unter den Eigentumsschutz des Art. 14 GG.[73] Die Befürworter betrachten das wirtschaftliche Unternehmen dabei als Sach- und Rechtsgesamtheit, dem ein spezifischer Mehrwert des Betriebes als organische Betriebseinheit zugesprochen wird, der über die Summe der garantierten Einzelrechte hinausgeht.[74] Dabei ist von einem erweiterten Gewerbebegriff auszugehen. Mit Gewerbebetrieb ist nicht nur der Gewerbebetrieb i.S.d Gewerbeordnung gemeint, sondern jedes auf Erwerb ausgerichtete Unternehmen, Betriebe der Urproduktion sowie freiberufliche Tätigkeiten.[75] Die Frage, ob und inwieweit Betriebseigentum i.S.d. Rechts am eingerichteten und ausgeübten Gewerbebetriebs unter den Schutz der Eigentumsgarantie des Art. 14 GG fällt, kann an dieser Stelle nicht abschließend beantwortet werden, da selbst das Bundesverfassungsgericht sich hier unentschieden zeigt und die Frage ausdrücklich offen lässt.[76] Dennoch wird von Arbeitgebern bzw. deren Interessevertretern regelmäßig auf das Recht am eingerichteten und ausgeübten Gewerbebetrieb verwiesen, um die Zulässigkeit technischer Überwachungsmaßnahmen zu begründen.

---

[71] *Scholz* in *Maunz / Dürig*, Art. 12 Rn. 131.
[72] Vgl. *Biegel*, a.a.O., S. 37.
[73] Vgl. *Papier* in *Maunz / Dürig*, Art. 14 Rn. 95.
[74] Vgl. *Stern*, Klaus (2006), Das Staatsrecht der Bundesrepublik Deutschland, Band IV/1, München: Beck, S. 2190.
[75] Vgl. *Papier* in *Maunz / Dürig*, Art. 14 Rn. 98.
[76] Vgl. *Stern*, a.a.O., S. 2190.

Die juristischen Vorüberlegungen können an dieser Stelle beendet werden. In den folgenden Abschnitten geht es nun konkret um die rechtliche Zulässigkeit spezifischer Überwachungstechniken.

3.4. Zeiterfassungs- und Zugangskontrollsysteme

Sofern ein Arbeitnehmer keine Einwilligung zu der Datenerhebung durch Zeiterfassungs- und Zugangskontrollsysteme gegeben hat und auch nicht über eine Betriebsvereinbarung eine Regelung erzielt wurde, muss auf § 28 Abs. 1 Satz 1 Nr. 1 BDSG zurückgegriffen werden. Dort heißt es, dass eine Datenerhebung zulässig ist, wenn sie der Zweckbestimmung eines Vertragsverhältnisses oder vertragsähnlichen Vertrauensverhältnisses mit dem Betroffenen dient.[77] Der Begriff Zweckbestimmung ist natürlich auslegungsbedürftig. Höld konkretisiert daher die die Zulässigkeitsvoraussetzungen dahingehend, dass der Arbeitgeber ein schutzwürdiges Interesse verfolgen müsse und die Datenerhebung in ihrer konkreten Form auch dazu geeignet, erforderlich und im Sinne des Verhältnismäßigkeitsgrundsatzes angemessen sein müsse.[78] Die Arbeitszeit- und Abwesenheitszeiterfassung ist zweifelsohne ein Eingriff in das informationelle Selbstbestimmungsrecht der Arbeitnehmer. Nach Meinung von Höld überwiegt hier jedoch das grundlegende betriebliche Kontrollinteresse des Arbeitgebers, der in der Lage sein muss zu überprüfen, ob und inwieweit das durch Arbeitsvertrag zwischen Arbeitgeber und Arbeitnehmer begründete Austauschverhältnis gestört ist. Die nicht-technische, manuelle Arbeitszeiterfassung wäre hier zwar das mildere Mittel, sie ist laut Höld jedoch in größeren Betrieben nicht praktikabel und darüber hinaus im Hinblick auf Präzision und Fehleranfälligkeit auch nicht gleichgeeignet.[79]

Bei Zugangskontrollsystemen ergibt sich grundsätzlich die Gefahr, dass betriebliche Bewegungsprofile erstellt werden können, worin ein schwerwiegender Eingriff in das Persönlichkeitsrecht des betroffenen Arbeitnehmers zu sehen wäre. Ein solcher Eingriff kann jedoch wiederum gerechtfer-

---

[77] Vgl. *Hoeren*, Thomas (2006), Internetrecht, Manuskript Universität Münster, S. 335.
[78] Vgl. *Höld*, a.a.O., S. 57.
[79] Vgl. *Höld*, a.a.O., S. 58.

tigt sein, wenn der Arbeitgeber ein überwiegendes und schutzwürdiges Interesse an derartigen Kontrollen hat, z.B. weil ein gesteigertes Sicherheitsinteresse besteht. Die Erstellung von Bewegungsprofilen ist aber auch dann nur zulässig, wenn sie zur Gefahrenabwehr erforderlich ist oder im Einzelfall der begründete Verdacht einer schwerwiegenden Pflichtverletzung besteht.[80] Vor der Erstellung von Bewegungsprofilen sollte außerdem geprüft werden, ob nicht auch ein gleichgeeignetes milderes Mittel in Betracht kommt.[81] Des Weiteren ergibt sich aus dem Gleichbehandlungsgrundsatz, dass Ungleichbehandlungen von einzelnen Arbeitnehmern nur zulässig sind, wenn dies sachlich begründet werden kann.[82] Sachlich gerechtfertigt ist z.B. eine stärkere Überwachung derjenigen Arbeitnehmer, die tatsächlich auf sicherheitssensiblen Arbeitsplätzen beschäftigt sind.

3.5. Personalinformationssysteme

Auch Personalinformationssysteme bedrohen grundsätzlich das Recht der Arbeitnehmer auf informationelle Selbstbestimmung. Sie versetzen den Arbeitgeber in die Lage, eine exzessive Datenerhebung zu betreiben, durch die der Arbeitnehmer zum Informationsobjekt degradiert werden kann.[83] Die Datenerhebung und -verarbeitung des Arbeitgebers muss daher durch sein schutzwürdiges und berechtigtes Interesse gerechtfertigt sein.[84] Dies setzt jedoch einen Betriebsbezug voraus, d.h. es muss zwischen der Datenerhebung und der Erfüllung vertraglich geschuldeter Leistungen einen Zusammenhang geben.[85] Auch für Personalinformationssysteme ist § 28 Abs. 1 Satz 1 Nr. 1 BDSG einschlägig, demzufolge die Datenerhebung für die Zweckbestimmung des Vertragsverhältnisses erforderlich sein muss. Dies wäre z.B. zu verneinen, wenn kein Bezug zum Arbeitsverhältnis besteht

---

[80] Vgl. *Höld*, a.a.O., S. 59.
[81] Vgl. *Biegel*, a.a.O., S. 53.
[82] Vgl. *LAG Berlin* vom 9.1.1984, in: Der Betrieb 1984, S. 2098.
[83] Vgl. *Höld*, a.a.O., S. 61.
[84] Als zu pauschal abzulehnen ist die Auffassung von *Dörner*: „Ein berechtigtes Interesse des Arbeitgebers an der Einführung eines Personalinformationssystems liegt z.B. darin, dass so die benötigten Arbeitnehmerdaten in wirtschaftlich sinnvoller Weise schnell und kostengünstig gewonnen werden können." (*Dörner / Luczak / Wildschütz* (2006), Handbuch des Fachanwalts Arbeitsrecht, 5., überarb. und erw. Aufl., Neuwied: Luchterhand, S. 738)
[85] Vgl. *BAG* vom 20.5.1999, NZA 1999, S. 975.

oder die Datenerhebung in Bezug auf den Erhebungszweck unverhältnismäßig ist.
Auf Personalinformationssysteme sind die Grundsätze der herkömmlichen Personalaktenführung anwendbar. Diese verpflichten den Arbeitgeber, Personaldaten vor unberechtigter Einsichtnahme zu schützen.[86] Die gespeicherten Informationen sind vertraulich zu behandeln. Außerdem ist die Anzahl von Personen, die Zugriff auf diese Daten haben, so klein wie möglich zu halten.

3.6. Videoüberwachung

Videoüberwachung kann ein wertvolles Instrument der Verbrechensaufklärung sein, wie die Fahndungserfolge der britischen Behörden nach den Londoner Terroranschlägen des Jahres 2005 belegen. Aufgrund der hochwertigen Bilder aus den unzähligen Überwachungskameras konnte die Polizei damals schnell Tatverdächtige identifizieren und festnehmen.[87] Dies trifft ebenso auf die missglückten Kofferbombenanschläge auf deutsche Regionalzüge im Sommer 2006 zu. Sicherheitspolitiker fordern daher immer wieder, die ohnehin schon intensive Videoüberwachung des öffentlichen Raumes noch weiter auszudehnen. Aber auch an allen Orten, an denen Menschen arbeiten, nimmt die Überwachung durch Kameras ständig zu: in Fabrik- und Lagerräumen, in Büros sowie in Verkaufsräumen. Daher soll im Folgenden der Frage nachgegangen werden, auf welchen rechtlichen Grundlagen der Einsatz von Überwachungskameras erfolgt, wie viel Überwachung unter welchen Voraussetzungen zulässig ist und welche Argumente einer uneingeschränkten Videoüberwachung entgegenstehen. In diesem Zusammenhang ergeben sich deutliche rechtliche Unterschiede hinsichtlich der Frage, ob der per Videokamera überwachte Raum öffentlich zugänglich ist oder nicht.[88] Die beiden möglichen Fälle müssen daher getrennt erörtert werden.

---

[86] Vgl. *ErfK / Dieterich*, Art. 2 GG, Rn. 103.
[87] Vgl. *Wilke*, Matthias (2006), Videoüberwachung: Dürfen Arbeitgeber ihre Angestellten mit Videoanlagen beobachten?, in: AiB, H. 1/2006, S. 31-37, S. 31.
[88] Vgl. *Höld*, a.a.O., S. 87.

3.6.1. Videoüberwachung öffentlich zugänglicher Räume

Die rechtliche Grundlage für eine Videoüberwachung öffentlich zugänglicher Räume findet man in § 6b BDSG. Der dortigen Legaldefinition zufolge versteht man unter Videoüberwachung die Beobachtung mit optisch-elektronischen Geräten. Als öffentlicher Raum gilt eine umbaute Fläche, die ihrem Zweck nach dazu bestimmt ist, von einer unbestimmten Zahl von Menschen oder von nach nur allgemeinen Merkmalen bestimmten Personen betreten und genutzt zu werden.[89] Öffentlich zugänglich ist ein Raum, wenn die Zugänglichkeit nach allgemeinen Merkmalen bestimmt ist, die von jeder Person erfüllt werden kann.[90] Die Videoüberwachung öffentlicher Räume ist gemäß § 6b Abs. 1 Nr. 2 BDSG zulässig, wenn sie zur Wahrung des Hausrechts dient, oder wenn sie zur Wahrnehmung berechtigter Interessen für konkret festgelegte Zwecke erforderlich ist und keine Anhaltspunkte bestehen, dass schutzwürdige Interessen der betroffenen Personen überwiegen (§ 6b Abs. 1 Nr. 3 BDSG).

Vielfach wird ein öffentlicher Raum gleichzeitig der Arbeitsplatz eines Arbeitnehmers sein, der sich der Überwachung nicht entziehen kann und damit einem ständigen Überwachungsdruck ausgesetzt ist.[91] Nach Ansicht von Frank Bayreuther ist beim Einsatz von Videokameras im Betrieb in allen Fällen § 6b BDSG einschlägig, wenn der Mitarbeiter in einer Räumlichkeit beschäftigt wird, die nicht nur seinen Arbeitsplatz umfasst, sondern auch (oder primär) dem Publikumsverkehr dient, z.B. Ladengeschäfte, Kaufhäuser, Bankfilialen, Tankstellen, Museen, Bahnhöfe oder Gaststätten.[92] In diesen Fällen kollidiert das Überwachungsinteresse mit den Persönlichkeitsrechten des Arbeitnehmers, insbesondere mit dem Recht am eigenen Bild. Nach der Rechtsprechung des BVerfG ergibt sich aus dem Zusammenspiel des Art. 2 Abs. 1 i.V.m. Art. 1 Abs. 1 GG: „Jedermann darf grundsätzlich selbst und allein bestimmen, ob und wieweit andere sein Lebensbild im

---

[89] Vgl. *Simitis*, Spiros (Hg.) (2006), Bundesdatenschutzgesetz, 6., neu bearb. Aufl., Baden-Baden: Nomos, hier *Bizer*, §6b BDSG, Rn. 40; vgl. *Gola*, Peter / *Klug*, Christoph (2003), Grundzüge des Datenschutzrechts, München: Beck, S. 81f.

[90] Vgl. *Simitis / Bizer*, §6b BDSG, Rn. 42.

[91] Vgl. *Höld*, a.a.O., S. 89.

[92] Vgl. *Bayreuther*, Frank (2005), Videoüberwachung am Arbeitsplatz, in: NZA, H. 18/2005, S. 1038-1044, S. 1038.

ganzen oder bestimmte Vorgänge aus seinem Leben öffentlich darstellen dürfen."[93] Um die Zulässigkeit einer Videoüberwachung öffentlicher Räume beurteilen zu können, muss daher eine Interessenabwägung im Einzelfall vorgenommen werden. Das konkret festzulegende Überwachungsinteresse des Betreibers muss das Interesse der Arbeitnehmer überwiegen, keine Eingriffe in ihr Recht am eigenen Bild zu erleiden. Dies ist laut Höld beim Vorliegen folgender Voraussetzungen zu bejahen:

- der Arbeitgeber muss ein berechtigtes Kontrollinteresse verfolgen,
- die Videotechnik muss in der geplanten Verwendungsform zu einer entsprechenden Kontrolle geeignet sein,
- der Kontrollzweck kann nicht mit anderen gleichgeeigneten, aber milderen Mitteln verfolgt werden,
- die Kontrolle darf insgesamt nicht außer Verhältnis zu den Rechten der Belegschaft stehen.[94]

Nach Auffassung des ArbG Ludwigshafen, das über die Zulässigkeit von Videoüberwachung in einem Erotikgeschäft zu entscheiden hatte, liegt ein überwiegendes Interesse vor, wenn durch die Überwachung Diebstähle oder andere strafbare Handlungen präventiv verhindert werden sollen und ein milderes Mittel nicht in Betracht kommt.[95] In der Literatur findet man jedoch kontroverse Meinungen bezüglich der Frage, wann ein überwiegendes berechtigtes Kontrollinteresse des Arbeitgebers vorliegt. Nach Auffassung von Däubler besteht bei der bloßen Befürchtung, dass es zu Straftaten kommen könne, noch kein überwiegendes berechtigtes Kontrollinteresse.[96] Um dies bejahen zu können, müsste auch entweder ein bestimmter Verdacht gegen einen Arbeitnehmer vorliegen oder bereits ein entsprechender Vorfall bekannt sein. Dieser als arbeitnehmerfreundlich zu bezeichnenden Auffassung hält Höld entgegen, es sei dem Arbeitgeber nicht zumutbar, mit der Überwachung erst dann zu beginnen, wenn er bereits einen Schaden erlitten habe.[97] Vielmehr gehöre Videoüberwachung zu jenen Maßnahmen, die ein

---

[93] *BVerfGE* 35, S. 202, S. 220.
[94] Vgl. *Höld*, a.a.O., S. 90. Ähnlich formuliert *Dammann*, Klaus (2005), Mitbestimmung des Betriebsrats bei Videoüberwachung, in: AiB, H. 11/2005, S. 687-691, S. 691.
[95] Vgl. *ArbG Ludwigshafen* vom 6.6.2002, Az.: 4 Ca 827/02.
[96] Vgl. *Däubler*, Gläserne Belegschaften?, a.a.O., Rn. 306.
[97] So auch *Bayreuther*, a.a.O., S. 1039.

Hausrechtsinhaber zum Schutz des Objekts treffen könne, und diese seien laut § 6b Abs. 1 Nr. 2 BDSG ausdrücklich zulässig. Damit verschiebt sich das Problem der Zulässigkeit jedoch nur auf die Frage, welchen Handlungsspielraum das Hausrecht seinem Inhaber eröffnet. Hier sind wiederum divergierende Meinungen vorzufinden: Während Peter Gola und Rudolf Schomerus die Auffassung vertreten, der Hausrechtsinhaber sei grundsätzlich befugt, alle zum Schutz des Objekts erforderlichen Maßnahmen zu treffen[98], beschränkt sich das Hausrecht nach Bizer auf die Befugnis, einen Störer aus einem bestimmten Raum zu verweisen und das Wiederbetreten zu untersagen.[99] Daher sieht auch Höld im Ergebnis ein überwiegendes Kontrollinteresse nur unter weiteren Voraussetzungen als gegeben an. Die bloße abstrakte Gefahr einer Straftat könne hierfür noch nicht genügen, denn von einer solchen nicht näher bestimmbaren Gefahrenlage könne man im Grunde immer ausgehen. Schließlich haben auch die Arbeitnehmer ein berechtigtes Interesse an der Wahrung ihrer Persönlichkeitsrechte. Höld sieht daher ein überwiegendes Kontrollinteresse nur dann als gegeben an, wenn die Möglichkeit entsprechender Straftaten nach allgemeiner Lebenserfahrung bestehe. Dies sei jedoch bereits zu bejahen, wenn Straftaten nicht höchst unwahrscheinlich sind.[100]

Höld problematisiert zwar zunächst zutreffend eine Rechtsauffassung, die dem Arbeitgeber über das Hausrecht weitgehende Befugnisse zugesteht, Maßnahmen zum Schutz seines Eigentums zu ergreifen. Sein Vorschlag, wie die Voraussetzungen für das Vorliegen eines berechtigten Kontrollinteresses zu konkretisieren seien, kann jedoch nicht überzeugen. Denn wenn die Zulässigkeit einer Videoüberwachung lediglich an die Bedingung geknüpft ist, dass Straftaten nicht höchst unwahrscheinlich sind, wird man in der Praxis wiederum höchst selten Fälle vorfinden, in denen nach allgemeiner Lebenserfahrung keine Möglichkeit einer Straftat besteht. Es ist daher kaum ersichtlich, wie so das Recht eines Arbeitnehmers am eigenen Bild - immerhin ein allgemeines Persönlichkeitsrecht und damit Grundrecht - an-

---

[98] Vgl. *Gola*, Peter / *Schomerus*, Rudolf (2002), BDSG: Bundesdatenschutzgesetz: Kommentar, 7., völlig neu bearb. Aufl., München: Beck, § 6b BDSG Rn. 16.
[99] Vgl. *Simitis / Bizer*, § 6b BDSG, Rn. 47f.
[100] Vgl. *Höld*, a.a.O., S. 91.

gemessen geschützt werden kann. Denn ähnlich wie bei der abstrakten Gefahr einer Straftat wird man bei Hölds Rechtskonstruktion nahezu immer annehmen können, dass Straftaten möglich sind. Im Ergebnis gelangt man so jedoch zu einer Interessenabwägung, bei der dem Eigentumsschutzrecht des Arbeitgebers ein unverhältnismäßig höherer Wert zugemessen wird als den Persönlichkeitsrechten der Arbeitnehmer.[101] Ob bei dieser Rechtsauffassung der Grundsatz der Verhältnismäßigkeit der Mittel, von der Höld eingangs selbst sprach, gewahrt bleiben kann, ist m.E. äußerst zweifelhaft. Immerhin räumt Höld ein, dass eine Videoüberwachung umso schwieriger zu legitimieren ist, je mehr Arbeitnehmer ihr unterliegen. Zu beachten sei auch das qualitative und quantitative Ausmaß der tatsächlichen Überwachung.[102] Man muss daher unterscheiden: Es gibt Fälle, in denen ein Mitarbeiter nur gelegentlich oder nur am Rande eines Überwachungsbildes zu sehen ist. Dementsprechend ist der Eingriff in das Persönlichkeitsrecht im Vergleich als eher geringfügig zu bezeichnen. Andererseits muss man wohl von einem erheblichen Eingriff in das Recht am eigenen Bild sprechen, wenn etwa eine Videokamera in einem Tankstellenverkaufsraum permanent auf den Kassenbereich gerichtet ist und der dort tätige Mitarbeiter bzw. die Mitarbeiterin während der gesamten Arbeitszeit beobachtet wird.[103] Auch wenn der Einsatz der Videoüberwachung zulässig ist und damit legitimiert werden kann, es handele sich hier um eine Präventivmaßnahme, die dem Schutz vor Raub und Diebstahl diene, so unterwirft man den Mitarbeiter zugleich - ob vom Arbeitgeber intendiert oder nicht - einer totalen Verhaltenskontrolle, die einen enormen Überwachungsdruck erzeugt. Laut Höld ist regelmäßig davon auszugehen, dass bei präventiven Einsätzen von Überwachungskameras das so genannte Monitoring ausreicht, bei der keine Speicherung der Überwachungsvideos erfolgt.

---

[101] *Huff*, Martin (2005), Videoüberwachung im öffentlichen und privaten Bereich - Eine Zwischenbilanz, in: JuS, H. 10/2005, S. 896-899, S.898 weist darauf hin, dass es auch der überwiegenden Auffassung der Zivilgerichte entspricht, Persönlichkeitsrechte wie das Recht am eigenen Bild hinter das Recht auf Eigentum zurücktreten zu lassen.
[102] Vgl. *Höld*, a.a.O., S. 91.
[103] Vgl. *ArbG Hamburg* vom 25.9.2002, AuR 2002, 375. Das Gericht entschied, der Arbeitgeber müsse dem Beschäftigten eine Möglichkeit bieten, sich zumindest während der Arbeitspausen an einem Ort aufzuhalten, der keiner Überwachung unterliegt.

Liegen dagegen Verdachtsmomente gegen einen Mitarbeiter vor, gegen arbeitsvertragliche Pflichten verstoßen zu haben, handelt es sich um einen repressiven Einsatz der Videokontrolle. In solchen Fällen kann auch eine Aufzeichnung zulässig sein, wenn dies zur Beweissicherung erforderlich ist. Dabei gilt es jedoch zu beachten, dass die Videoüberwachung den Rahmen der vorab festgelegten Zweckbestimmung nicht übersteigt.

Grundsätzlich unzulässig ist eine Videoüberwachung, die ihrer besonderen Art und Weise nach die Menschenwürde oder Intimsphäre der betroffenen Personen verletzen würde. Gemeint ist etwa eine etwaige Installation von Kameras in Toiletten- und Umkleideräumen.[104]

Ebenso unzulässig ist bei öffentlichen Räumen eine heimliche, verdeckte Videoüberwachung, da der Umstand der Videoüberwachung kenntlich zu machen ist.[105] Nach § 6b Abs. 2 BDSG muss der Umstand, dass der Raum an sich videoüberwacht wird, erkennbar gemacht werden. Nähere Informationen über Art und Umfang der Überwachung müssen dagegen nicht angeführt werden.[106]

Des Weiteren muss im Zusammenhang mit einer geplanten Videoüberwachung beachtet werden, dass der Betriebsrat gemäß § 87 Abs.1 Nr. 6 BetrVG ein zwingendes Mitbestimmungsrecht hat.[107] Ohne Zustimmung des Betriebsrats darf der Arbeitgeber nicht handeln. Wenn zwischen Arbeitgeber und Betriebsrat keine Einigung erzielt werden kann, entscheidet gemäß § 87 Abs. 2 BetrVG die Einigungsstelle. Für die zwingende Mitbestimmung kommt es hier nicht darauf an, dass im Falle öffentlicher Räume nur eine mittelbare Arbeitnehmerüberwachung stattfindet. Der so genannten objektiv-finalen Theorie zufolge reicht es bereits aus, dass eine technische Einrichtung objektiv zur Überwachung von Arbeitnehmern geeignet ist, um den kollektivrechtlichen Arbeitnehmerschutz zu beeinträchtigen.[108]

---

[104] Vgl. *Höld*, a.a.O., S. 91; *Simitis / Bizer*, § 6b BDSG, Rn. 62; *Gola / Schomerus*, § 6b BDSG, Rn. 19.

[105] Vgl. *Bayreuther*, a.a.O., S. 1040.

[106] Vgl. *Bayreuther*, a.a.O., S. 1041.

[107] Vgl. *Michalski*, Lutz (2006), Arbeitsrecht, 6., neu bearb. Aufl., Heidelberg: Müller, S. 276. Siehe auch *Däubler*, Gläserne Belegschaften?, a.a.O., Rn. 314.

[108] Ständige Rechtsprechung seit *BAG* vom 9.9.1975, AP Nr. 2 zu § 87 BetrVG 1972 Überwachung; *Fitting/Engels/Schmidt/Trebinger/Linsenmaier*, § 87 BetrVG, Rn. 226f.

3.6.2. Videoüberwachung nicht öffentlich zugänglicher Räume

Wie bereits erwähnt, ist die Videoüberwachung von nicht öffentlich zugänglichen Räumen juristisch anders zu beurteilen. Eine Anwendung des § 6b BDSG scheidet für diese Fälle eindeutig aus, da der Gesetzgeber nur eine Rechtsgrundlage für öffentliche Räume schaffen wollte, wie auch aus dem Wortlaut des Gesetzes völlig unstrittig hervorgeht.[109] Regelungen für nicht öffentlich zugängliche Räume werden voraussichtlich in dem geplanten Arbeitnehmerdatenschutzgesetz enthalten sein, deren Notwendigkeit jedoch vereinzelt noch angezweifelt wird.[110] Die Verabschiedung eines solchen Gesetzes ist aber noch nicht abzusehen. Vorläufig ist daher noch § 28 Abs. 1 Satz 1 Nr. 1 BDSG einschlägig.[111] Die Zulässigkeit einer Videoüberwachung richtet sich danach, ob und inwieweit die Videoüberwachung der Zweckbestimmung des Arbeitsverhältnisses dient. Da in nicht öffentlich zugänglichen Räumen der Personenkreis überschaubarer ist, sollen hier schärfere Zulässigkeitsvoraussetzungen gelten. Um diese bestimmen zu können, ist es sinnvoll, hinsichtlich des Überwachungsziels zwischen repressiver und präventiver Videoüberwachung zu unterscheiden.

3.6.2.1. Repressive Videoüberwachung nicht öffentlich zugänglicher Räume

Von einer repressiven Videoüberwachung spricht man, wenn vermutete oder tatsächlich festgestellte Straftaten oder anderweitige Vertragspflichtverletzungen festgestellt, bewiesen und der oder die entsprechenden Arbeitnehmer ausfindig gemacht werden sollen.[112] Zulässig ist eine solche Überwachung nur, wenn der Arbeitgeber ein überwiegendes Überwachungsinte-

[109] Vgl. *Höld*, a.a.O., S. 93.
[110] Siehe dazu *Fleck*, Ulrike (2003), Brauchen wir ein Arbeitnehmerdatenschutzgesetz?, in: BB, H. 6/2003, S. 306-310, die ein solches Gesetz strikt ablehnt. Anderer Auffassung ist *Grobys*, Marcel (2003), Wir brauchen ein Arbeitnehmerdatenschutzgesetz!, in: BB, H. 13/2003, S. 682-683.
[111] Vgl. *ErfK / Wank*, § 6b BDSG Rn. 1; *Franzen*, Martin (2001), Die Novellierung des Bundesdatenschutzgesetzes und ihre Bedeutung für die Privatwirtschaft, in: Der Betrieb, H. 35/2001, S. 1867-1873, S. 1872.
[112] Vgl. *Höld*, a.a.O., S. 94f.

resse hat. Dies ist zu bejahen, wenn ein begründeter objektiver Verdacht einer Straftat oder anderweitigen schwerwiegenden Pflichtverletzung besteht.[113] Von einem begründeten Verdacht kann wiederum ausgegangen werden, wenn aufgrund objektiver Tatsachen die Vermutung einer Vertragsverletzung nahe liegt, d.h. nach allgemeiner Lebenserfahrung nicht unwahrscheinlich ist. Mit dieser Konkretisierung ist jedoch die zulässige Reichweite einer repressiven Überwachung noch nicht bestimmt. Angesprochen sind all jene Fälle, in denen sich der Verdacht nicht auf eine bestimmte Person reduziert. Hier gilt es abzuwägen, ob z.B. nach einem bekannt gewordenen Fall von Diebstahl die Überwachung der gesamten Belegschaft legitimiert werden kann. Denn letztlich kollidieren hier wieder die Vermögensinteressen des Arbeitgebers, deren Schutzwürdigkeit durch die Art. 12 und 14 GG gegeben ist, mit den Persönlichkeitsrechten der Arbeitnehmer.[114] Daher muss auch die Betriebsgröße bzw. das Ausmaß der geplanten Überwachung mitberücksichtigt werden, denn je nachdem, ob drei oder 300 Arbeitnehmer von einer Videoüberwachung betroffen wären, stehen dem Eigentumsschutz des Arbeitgebers drei oder 300 Eingriffe in das Recht am eigenen Bild gegenüber. Um eine uferlose Generalüberwachung zu verhindern, hat das BAG daher entschieden, dass der die Überwachung rechtfertigende Verdacht nicht nur objektiv begründet, sondern auch räumlich, zeitlich und funktional konkretisiert sein muss.[115]

Im Übrigen gelten auch hier die bereits in Abschnitt 3.6.1 genannten Voraussetzungen. Der Einsatz der Überwachungskameras muss verhältnismäßig sein, d.h. er ist unzulässig, wenn der Überwachungszweck auch mit gleicheffektiven, aber für den Arbeitnehmer milderen Mitteln erreicht werden kann. Milder wäre u.a. eine persönliche Kontrolle nicht-technischer Art.[116] Bei persönlichen Kontrollen wären übrigens die Mitbestimmungsvorschriften des BetrVG nicht mehr einschlägig, da eine zwingende Mitbestimmung ausdrücklich nur für technische Überwachungsmaßnahmen vorgesehen ist (§ 87 Abs. 1 Nr. 6 BetrVG).

---

[113] Vgl. *BAG* vom 27.3.2003, NZA 2003, S. 1193.
[114] Vgl. *Höld*, a.a.O., S. 95ff.
[115] Vgl. *BAG* vom 27.3.2003, NZA 2003, S. 1193, S. 1194.
[116] Vgl. *Höld*, a.a.O., S. 97.

Im Rahmen der Interessenabwägung kann sich jedoch auch der Arbeitgeber auf den Grundsatz der Verhältnismäßigkeit berufen. Er ist daher nicht gezwungen, stets die für die Arbeitnehmer jeweils mildeste Kontrollform zu verwenden. Vielmehr kann der Arbeitgeber die Maßnahme wählen, bei der sowohl wirtschaftliche Zumutbarkeit als auch betriebliche Durchsetzbarkeit gegeben sind. Es kommt dann darauf an, wie unübersichtlich der betroffene Betrieb ist. Regelmäßig wird man feststellen, dass Videoüberwachung eine relativ kostengünstige Maßnahme darstellt. Der Einsatz milderer Maßnahmen kann dann zwar grundsätzlich möglich sein, wäre aber für den Arbeitgeber mit nicht zumutbaren Zusatzkosten verbunden.

Fraglich ist, ob in nicht öffentlich zugänglichen Räumen eine verdeckte Videoüberwachung zulässig ist. Das Verbot einer solchen Überwachung in öffentlich zugänglichen Räumen ergibt sich, wie wir oben festgestellt hatten, aus § 6b Abs. 2 BDSG, demzufolge der Umstand der Videoüberwachung erkennbar gemacht werden muss. Da diese Regelung aber für nicht öffentlich zugängliche Räume nicht greift, könnte man zunächst von einer Zulässigkeit heimlicher Videoüberwachung ausgehen. Der Grundsatz der Verhältnismäßigkeit gebietet hier jedoch, die offene, nach außen erkennbare Videoüberwachung vorzuziehen, denn heimliche Videoaufnahmen stellen einen weitaus schwereren Eingriff in das Persönlichkeitsrecht eines Arbeitnehmers dar. Dennoch ist eine heimliche Videoüberwachung eines nicht öffentlich zugänglichen Raumes unter besonderen Voraussetzungen zulässig, nämlich dann, wenn sie das einzige effektive Mittel zur Erreichung des verfolgten Überwachungszwecks ist. Gemeint sind hier Fälle, bei denen der konkrete Verdacht der Begehung einer strafbaren Handlung oder einer anderen schwerwiegenden Pflichtverletzung besteht, und die Annahme begründet ist, dass bei einer nach außen erkennbaren Überwachung abweichende Verhaltensweisen anzutreffen wären. Die verdeckte Überwachung ist dann aber in jedem Fall räumlich und zeitlich zu begrenzen und darf keinesfalls die Menschenwürde oder Intimsphäre von Mitarbeitern verletzen.

Es gilt nun noch zu klären, unter welchen Voraussetzungen eine Aufzeichnung des im Zuge einer repressiven Videoüberwachung gewonnenen Bildmaterials zulässig ist. Ausschlaggebend ist hierfür, ob eine Speicherung nach § 28 Abs. 1 Satz 1 Nr. 1 BDSG zur Zweckbestimmung des Vertragsverhältnisses erforderlich ist. Dies trifft zu, wenn der Arbeitgeber neben dem überwiegenden Interesse, das ein Monitoring rechtfertigt, ein daneben bestehendes zusätzliches überwiegendes Interesse hat, die Bilder auch zu speichern. Der Arbeitgeber muss die Aufzeichnungen löschen, sobald etwa die Überwachung insgesamt nicht mehr angemessen ist oder die Vorfälle geklärt sind.

Nach Höld entspricht bei repressiven Überwachungsmaßnahmen die gleichzeitige Speicherung grundsätzlich dem Verhältnismäßigkeitsprinzip, da die Aufnahmen als mögliche Beweise in einem Kündigungsschutzprozess für den Arbeitgeber von großer Wichtigkeit sein können.[117]

3.6.2.2. Präventive Videoüberwachung nicht öffentlich zugänglicher Räume

Präventive Videoüberwachungsmaßnahmen sollen dazu beitragen, vorbeugend Vertragsverletzungen für die Zukunft zu verhindern. Sie sind grundsätzlich nur zulässig, wenn beim Arbeitgeber ein objektiv berechtigtes und überwiegendes Interesse vorliegt.[118] Dieses Interesse kann nicht allein damit begründet werden, es solle überprüft werden, dass sorgfältig gearbeitet wird, denn das käme einer Aufhebung des Persönlichkeitsschutzes gleich. Zu den Kriterien, die bei der Interessenabwägung zu berücksichtigen sind, liegt inzwischen ein Grundsatzurteil des BAG vor. Dort führt das Gericht aus, dass die Intensität der Beeinträchtigung zum einen maßgeblich von Dauer und Art der Überwachung abhängt, und zum anderen davon, wie viele Personen wie intensiven Beeinträchtigungen ausgesetzt sind und ob diese Personen hierfür einen Anlass gegeben haben.[119] Denn die grundsätzliche Problematik einer präventiven Videoüberwachung besteht nach der zutreffenden Auffassung des BAG darin, dass eine Vielzahl oder gar Gesamtheit von „Unschuldigen“ in ihrem Persönlichkeitsrecht verletzt wird, um eine kleine Anzahl *potenzieller* Diebe abzuschrecken.[120] Bei der Interessenabwägung

---

[117] Vgl. *Höld*, a.a.O., S. 99; siehe auch *Simitis / Bizer*, § 6b BDSG, Rn. 57.
[118] Vgl. *Höld*, a.a.O., S. 100.
[119] Vgl. *BAG* vom 29.6.2004, AP Nr. 41 zu § 87 BetrVG 1972 Überwachung.
[120] Vgl. *Höld*, a.a.O., S. 101.

sollten daher m.E. die Eigentumsschutzinteressen des Arbeitgebers nicht überbewertet werden. Denn im Normalfall handelt es sich gerade nicht darum, *eine* Persönlichkeitsrechtsverletzung ausnahmsweise zuzulassen, um *ein* Eigentumsdelikt zu verhindern, sondern die Persönlichkeitsrechte einer *Vielzahl* von Mitarbeitern werden missachtet. Dies geschieht täglich in Tausenden von Fällen, ohne dass man belegen könnte, dass dem Arbeitgeber ohne die Videoüberwachung ein Schaden entstanden wäre. Man muss zwar anerkennen, dass sich die höchstrichterliche Rechtssprechung diesem Problem nicht verschlossen hat. Dennoch scheint es notwendig, auf die besondere Problematik der Videoüberwachung hinzuweisen, da bei dieser Überwachungsart schnell eine Schieflage entstehen kann, wenn der vermeintlichen Bedrohung des Arbeitgebereigentums eine überzogene Bedeutung gegeben wird.

3.7. Telefonüberwachung

In den folgenden Abschnitten soll geklärt werden, unter welchen Voraussetzungen Arbeitgeber berechtigt sind, Telefongespräche von Arbeitnehmern zu überwachen. Maßnahmen dieser Art sollen dazu beitragen, die Kosten für die Nutzung von Telekommunikationssystemen so gering wie möglich zu halten.[121] Es muss hierbei unterschieden werden zwischen der Kontrolle des Gesprächsinhalts und der Überwachung der äußeren Verbindungsdaten. Des Weiteren kommt es bei der rechtlichen Beurteilung darauf an, ob es sich um dienstliche oder private Kommunikation handelt. Nicht zuletzt muss auch berücksichtigt werden, dass ein Dritter als Gesprächspartner bei der überwachten Kommunikation beteiligt ist, so dass eine Dreieckskonstellation entsteht (Arbeitgeber - Arbeitnehmer - Dritter).[122]

Auch bei der Überwachung von Telefonanlagen gilt es das Mitbestimmungsrecht des Betriebsrats zu beachten, das sich aus dem Betriebsverfassungsgesetz ergibt. „Da es für die Anwendung des § 87 Abs. 1 Nr. 6

---

[121] Vgl. *Höld*, a.a.O., S. 116.

[122] Vgl. *Höld*, a.a.O., S. 139. Telefonüberwachung ist daher auch ein Eingriff in die Persönlichkeitsrechte des Dritten, wobei zwischen Arbeitgeber und dem Dritten kein Vertragsverhältnis existiert, dass die Eingriffe legitimieren könnte. Die Zulässigkeit ergibt sich daher i.d.R. über § 28 Abs. 1 Satz 1 Nr. 2 BDSG. Für Einzelheiten vgl. *Höld*, a.a.O., S. 147ff.

BetrVG nicht auf eine subjektive Überwachungsabsicht des Arbeitgebers, sondern ausschließlich auf die objektive Überwachungseignung der technischen Einrichtung ankommt, besteht bei der Einführung von Anwendung von TK-Systemen regelmäßig ein Mitbestimmungsrecht."[123]

3.7.1. Abhören von dienstlichen Telefongesprächen

Ob der Arbeitgeber gegenüber dem Arbeitnehmer zum Abhören von dienstlichen Telefongesprächen berechtigt ist, richtet sich, soweit keine ausdrückliche Regelung im Arbeitsvertrag getroffen wurde, nach den Bestimmungen des § 28 Abs. 1 Satz 1 Nr. 1 BDSG.[124] Es kommt also darauf an, ob die Abhörmaßnahme als Datenerhebung gelten kann, die der Zweckbestimmung des Arbeitsverhältnisses dient. Dies muss im Zuge einer Interessenabwägung ermittelt werden, die sowohl das Arbeitnehmerinteresse am Schutz des gesprochenen Wortes als auch das Kontrollrecht des Arbeitgebers berücksichtigt.[125] Da das Bundesverfassungsgericht klargestellt hat, dass grundsätzlich auch die dienstliche Kommunikation unter den Schutz des gesprochenen Wortes fällt[126], ist das heimliche Abhören von dienstlichen Arbeitnehmergesprächen prinzipiell unzulässig. Im Ausnahmefall kann eine Abhörmaßnahme zulässig sein, wenn das Kontrollinteresse überwiegt. Nach der zutreffenden Auffassung von Höld hat der Arbeitgeber kein überwiegendes Kontrollinteresse, wenn er durch stichprobenartiges Abhören überprüfen will, ob tatsächlich dienstlich oder privat telefoniert wird. Dies sei zwar ein legitimes Überwachungsziel, das jedoch auch mit gleichgeeigneten milderen Mitteln erreicht werden könne, z.B. indem lediglich die Telefonverbindungsdaten erfasst werden.[127] Das Abhören des Gesprächsinhalts ist daher nicht erforderlich, es sei denn, dass ein auf objektive Tatsachen ge-

---

[123] *Altenburg*, Stephan / *von Reinersdorff*, Wolfgang / *Leister*, Thomas (2005), Betriebsverfassungsrechtliche Probleme der Telekommunikation am Arbeitsplatz, in: MMR, H. 4/2005, S. 222-226, S. 223. Siehe auch *Linnenkohl*, Karl / *Gressierer*, Christine (1999), Das Mithören von Telefonaten im Arbeitsverhältnis, in: AuA, H. 9/1999, S. 410-413, S. 413.
[124] Vgl. *Höld*, a.a.O., S. 140.
[125] Vgl. *Mengel*, Anja (2004), Kontrolle der Telekommunikation am Arbeitsplatz, in: BB, H. 26/2004, S. 1445-1453, S. 1448.
[126] Vgl. *BVerfG* vom 9.10.2002, AP Nr. 34 zu § 611 BGB Persönlichkeitsrecht.
[127] Vgl. *Höld*, a.a.O., S. 141.

stützter begründeter Verdacht einer Straftat bzw. schwerwiegenden Vertragsverletzung vorliegt.

3.7.2. Mithören von dienstlichen Telefongesprächen

Das Mithören unterscheidet sich vom Abhören dahingehend, dass zumindest ein Gesprächspartner weiß, dass ein Dritter den Gesprächsinhalt zur Kenntnis nimmt.[128] Liegt seitens des Arbeitnehmers eine Einwilligung vor, so ist das Mithören zunächst zulässig. Denkbar sind hier sowohl die ausdrückliche Einwilligung in eine konkrete Mithörmaßnahme als auch eine konkludente Einwilligung, etwa indem der Arbeitnehmer ein Gespräch fortsetzt, ohne gegen das Mithören zu protestieren.

3.7.3. Aufzeichnung von dienstlichen Telefongesprächen

Die Aufzeichnung von dienstlichen Telefongesprächen auf Tonträgern ist grundsätzlich unzulässig, da dies mit dem grundrechtlich garantierten Schutz des gesprochenen Wortes unvereinbar ist. Denn eine Aufzeichnung verleiht dem gesprochenen Wort eine Dauerhaftigkeit und Endgültigkeit, die bei mündlichen Äußerungen nicht gewollt ist.[129] Insofern stellt die Aufzeichnung von Gesprächen einen noch schwerer wiegenden Eingriff dar als das bloße Ab- oder Mithören, denn nun ist der Gesprächsinhalt sogar jederzeit reproduzierbar. Dennoch kann die Aufzeichnung von Telefongesprächen ausnahmsweise gerechtfertigt sein, nämlich immer dann, wenn das Kontrollinteresse das Recht am gesprochenen Wort überwiegt. Das wäre etwa bei Drohanrufen der Fall, wenn nur durch deren Aufzeichnung eine Chance besteht, den Anrufer zu ermitteln.[130] Eine Aufzeichnung kann auch zulässig sein, wenn dies zur Schulung oder Qualitätssicherung notwendig ist.

---

[128] Vgl. *Höld*, a.a.O., S. 142.
[129] Vgl. *Höld*, a.a.O., S. 145.
[130] Vgl. *Höld*, a.a.O., S. 145.

3.7.4. Erfassung von Verbindungsdaten

Verbindungsdaten von Telefongesprächen werden regelmäßig erfasst, um die entstandenen Kosten kontrollieren zu können. Da der Arbeitgeber somit nachvollziehen kann, welcher Mitarbeiter wann und wie lange mit welcher Zielnummer im Einzelnen telefoniert hat, wird das Arbeitsverhalten zugleich mitkontrolliert. Im Gegensatz zur inhaltlichen Kenntnisnahme des Telefongesprächs liegt hier ein weniger weit reichender Eingriff vor, von dem in erster Linie das Arbeitsverhalten und nicht das Persönlichkeitsrecht betroffen ist.[131] Sofern durch die Telefondatenerfassung Grundrechte berührt werden, handelt es sich um das Recht auf informationelle Selbstbestimmung und nicht mehr um das Recht am gesprochenen Wort. Die herrschende Meinung erkennt hier das Recht des Arbeitgebers an, Kosten und Leistungen effektiv zu kontrollieren. Daher dient die Telefondatenerhebung der Zweckbestimmung des Arbeitsverhältnisses gemäß § 28 Abs. 1 Satz 1 Nr. 1 BDSG und ist somit zulässig.

In der Rechtslehre bestand eine Zeitlang Uneinigkeit hinsichtlich der Frage, ob auch die Speicherung der Zielnummer erforderlich und zulässig sei. Der Streit darüber ist jedoch längst entschieden, denn bereits 1986 erklärte das BAG, die Zielnummernspeicherung sei ein geeignetes Kontrollinstrument des Arbeitgebers, durch die Arbeitnehmer keine privaten Vorgänge preisgeben müssten.[132]

3.7.5. Inhaltskontrolle privater Telefongespräche

Bei gestatteter Privatnutzung dienstlicher Telefonanschlüsse ist die Zulässigkeit von Überwachungsmaßnahmen nach dem TKG zu beurteilen. Gemäß § 88 Abs. 3 TKG ist es dem Arbeitgeber untersagt, sich oder anderen über das für die geschäftsmäßige Erbringung der Telekommunikationsdienste einschließlich des Schutzes ihrer technischen Systeme erforderliche Maß hinaus Kenntnis vom Inhalt oder den näheren Umständen der Telekommu-

---

[131] Vgl. *Höld*, a.a.O., S. 151.
[132] Vgl. *BAG* vom 27.5.1986, AP Nr. 15 zu § 87 BetrVG 1972 Überwachung.

nikation zu verschaffen. Eine Inhaltskontrolle kann jedoch ausnahmsweise zulässig sein, „wenn sie unter dem Aspekt der Notwehr oder des Notstandes das einzig effektive Mittel ist, drohende Straftaten oder andere schwerwiegende Vertragsverletzungen [...] zu verhindern."[133]

3.8. Computerüberwachung

Der Einsatz einer speziellen Überwachungssoftware durch die Unternehmen widerspricht praktisch immer den geltenden Gesetzen. Der Arbeitgeber hat regelmäßig in der vertraglichen Beziehung zu seinem Arbeitnehmer vertragliche Nebenpflichten zu beachten und muss insbesondere dessen Persönlichkeitsrecht schützen und bewahren.[134] Dieser Aspekt wurde auch schon in der Vergangenheit in der rechtswissenschaftlichen Diskussion problematisiert: Dabei zählte man gelegentliche Überwachungen am Arbeitsplatz noch zu den unvermeidlichen Einschränkungen der Persönlichkeitssphäre, da der Arbeitnehmer im Allgemeinen damit rechnen musste, dass die korrekte Erfüllung seiner vertraglichen Pflichten durch den Vorgesetzten überprüft werden kann. Das BAG hatte indes bereits in einem Urteil vom 7. Oktober 1987 entschieden, dass eine systematische und ständige Überwachung des Arbeitnehmers vor allem durch technische Einrichtungen optischer oder akustischer Art einen erheblichen Eingriff in dessen Persönlichkeitsrecht bedeutet.[135] Nach Ansicht des BAG ergibt sich der Eingriff hier insbesondere aus dem Umstand, dass eine solche elektronische Überwachung vom Arbeitnehmer unbemerkt und lückenlos stattfinden kann. Auch hat es darauf

---

[133] *Höld*, a.a.O., S. 167. Zu diesem Ergebnis gelangt Höld nach der eingehenden Diskussion telekommunikationsrechtlicher Aspekte (S. 161ff.), deren Wiedergabe in dieser Arbeit den vorgegebenen Rahmen sprengen würde. Zur Zulässigkeit bei Notwehr oder Notstand siehe auch *Mengel*, a.a.O., S. 1451.

[134] Vgl. *Jaeger*, a.a.O., S. 403. Andererseits besteht für einen Arbeitgeber die nicht unerhebliche Gefahr, für Rechtsverstöße von Arbeitnehmern straf- und zivilrechtlich in die Verantwortung genommen zu werden. Äußerst bedeutsam ist daher die Frage, ob für Arbeitgeber auch eine Haftungsprivilegierung besteht, wie sie § 9 Abs. 1 TDG für Provider vorsieht. Zu klären ist auch, unter welchen Voraussetzungen ein Arbeitgeber sich der Beihilfe gemäß § 27 StGB oder der Mittäterschaft gemäß § 25 Abs. 2 StGB schuldig macht. Siehe dazu *Barton*, Dirk (2003), (Mit-) Verantwortlichkeit des Arbeitgebers für rechtsmissbräuchliche Online-Nutzungen durch den Arbeitnehmer, in: Computer und Recht, H. 8/2003, S. 592-598.

[135] Vgl. *BAG* vom 7.10.1987, 5 AZR 116/86, AP Nr. 15 zu § 611 BGB Persönlichkeitsrecht.

hingewiesen, dass diese Form der Kontrolle beim Arbeitnehmer das Gefühl hervorrufen kann, ständig überwacht zu werden und ihn damit unter erheblichen Druck setzen kann. Die Richter haben eine solche Überwachungsmethode daher grundsätzlich für unzulässig und nur in wenigen Ausnahmefällen aufgrund des Verhältnismäßigkeitsgrundsatzes für zulässig angesehen. Dies kann etwa der Fall sein, wenn Warenverluste in erheblicher Höhe entstanden sind und die Täter nicht ermittelt werden können. Kann eine lückenlose Überwachung beispielsweise des Warenlagers nur durch elektronische Mittel erreicht werden und nur so der Täter zeitnah überführt werden, so ist eine derartige Überwachung ausnahmsweise zulässig, da bei einer Güter- und Interessenabwägung die berechtigten Interessen des Arbeitgebers hier überwiegen.[136] Das BAG hat hier das grundsätzlich berechtigte Interesse des Arbeitnehmers an der Unantastbarkeit seiner Persönlichkeitssphäre mit den berechtigten und nachvollziehbaren Interessen des Arbeitgebers gegeneinander abgewogen und für diesen Ausnahmefall eine solche Überwachung zugelassen.

Die Einführung einer Überwachungssoftware bedarf zumindest der Mitbestimmung des Betriebsrates gemäß § 87 Abs. 1 Nr. 6 BetrVG. Des Weiteren besteht ein Unterrichtungs- und Beratungsrecht gemäß § 80 Abs. 1 Nr. 1 und Abs. 2 BetrVG. Nach Auffassung von Jaeger sind Betriebsvereinbarungen, die bei einem begründeten Verdacht auf Missbrauch und Geheimnisverrat eine Kontrolle vorsehen, rechtlich zulässig.[137]

Falls der Arbeitgeber die Sphäre des Arbeitnehmers schuldhaft verletzt hat, steht diesem sogar ein Schadensersatzanspruch aus Verletzung einer Schutzpflicht nach § 823 Abs. 1 BGB zu.[138] Da der Arbeitgeber eine solche Spionagesoftware gerade zur Ausforschung der Persönlichkeit des Arbeitnehmers einsetzt, wird ein entsprechend schuldhafter Verstoß regelmäßig anzunehmen sein. Führt in Ausnahmefällen der Einsatz einer solchen Software sogar zu weiteren Schädigungen des Arbeitnehmers, beispielsweise Ge-

---

[136] Vgl. *BAG* vom 8. 2. 1984 – 5 AZR 501/81, AP Nr. 5 zu § 611 BGB Persönlichkeitsrecht und *BAG* vom 7. 10. 1987 – 5 AZR 116/86, AP Nr. 15 zu § 611 BGB Persönlichkeitsrecht.
[137] Vgl. *Jaeger*, a.a.O., S. 403.
[138] Vgl. *Altenburg*, Stephan / *von Reinersdorff*, Wolfgang / *Leister*, Thomas (2005), Telekommunikation am Arbeitsplatz, in: MMR, H. 3/2005, S. 135-139, S. 137.

sundheitsschäden, kommt selbst ein Schmerzensgeldanspruch des Mitarbeiters nach § 253 Abs. 2 BGB (früher: § 847 BGB) in Betracht.[139]

3.9. Internetüberwachung

Überall, wo mit Personal Computern gearbeitet wird, gehört die Information sowie die Kommunikation über das Internet heute zum betrieblichen Alltag. Um die Frage nach der Zulässigkeit von Internetüberwachungen beantworten zu können, müssen zunächst die näheren Umstände des Falls bestimmt werden. Grundsätzlich kann der Arbeitgeber frei entscheiden, ob und in welchem Umfang er seinen Mitarbeitern die Nutzung der betrieblichen Netzwerke gestattet.[140] Es kommt dann im Einzelfall darauf an, ob eine private Nutzungserlaubnis bestand, ob die dienstliche oder die private Nutzung kontrolliert wurde und ob diese Kontrolle mit Hilfe von Standardsoftware oder durch spezielle Überwachungsprogramme erfolgte.

3.9.1. Überwachung durch Standardsoftware bei privatem Nutzungsverbot

Die Kontrolle der dienstlichen Nutzung sowie einer eventuellen verbotenen Privatnutzung durch Standardsoftware ist prinzipiell zulässig, sofern die Bestimmungen des BDSG eingehalten werden.[141] Der Arbeitgeber hat hier ein berechtigtes Interesse, Kosten und Arbeitsleistung effektiv zu überprüfen. Ob eine verbotene Privatnutzung vorliegt, lässt sich dabei durch die Kontrolle der Verbindungsdaten feststellen.
Im Zuge einer Internetnutzung werden regelmäßig auch Dateien heruntergeladen und auf dem firmeneigenen PC gespeichert. Daraus ergibt sich natürlich die Frage, ob die Kontrollbefugnis des Arbeitgebers auch das Öffnen

---

[139] Vgl. *Jaeger*, a.a.O., S. 404.
[140] Vgl. *Nägele*, Stefan / *Meyer*, Lars (2004), Internet und E-Mail am Arbeitsplatz, in: K&R, H. 7/2004, S. 312-317, S. 312. Vgl. *Höld*, a.a.O., S. 184. Ein eventuelles betriebliches Verbot der privaten Internet- und E-Mail-Nutzung unterliegt übrigens nicht dem Mitbestimmungsrecht des Betriebsrats, da nach Auffassung des LAG Hamm davon ausschließlich das Arbeitsverhalten, nicht jedoch die Ordnung des Betriebs betroffen ist. Vgl. *LAG Hamm* vom 7.4.2006, in: MMR 10/2006, S. 700-702.
[141] Vgl. *Höld*, a.a.O., S. 187.

und Einsehen solcher Dateien einschließt. Michael Kliemt hat dies mit der Begründung verneint, die Inhalte solcher Dateien seien ähnlich wie dienstliche Telefongespräche zu beurteilen und daher schutzbedürftig. Arbeitgeber dürften danach nur in notstandsähnlichen Situationen deren Inhalt überprüfen.[142] Kliemt verkennt hier jedoch, dass heruntergeladene Inhalte lediglich Daten sind, die mit herkömmlichen Akteninhalten in Papierform zu vergleichen sind. Zutreffend führt Höld aus, bei in elektronischen Ordnern gespeicherten Dateien sei keine spezifische kommunikative Natur erkennbar, so dass der besondere Schutz, den das Recht am gesprochenen Wort gewährleiste, hier nicht einschlägig sein könne.[143] Elektronische Ordner und herkömmliche Aktenordner sind daher gleichzustellen, und das Recht des Arbeitgebers, den Inhalt eines herkömmlichen Aktenordners zu überprüfen, wird wohl allgemein anerkannt. Zu Recht weist Höld darauf hin, dass der Dienst-PC ein zur Ausübung der geschuldeten Tätigkeit überlassenes betriebliches Arbeitsmittel sei, so dass dem Arbeitnehmer die Kontrolle dienstlich veranlasster Daten bei verbotener Privatnutzung nicht nur zumutbar sei, sondern er sogar mit Kontrollen rechnen müsse. Die verbotene Privatnutzung kann unter Umständen als Vertragsverletzung letztlich auch eine Kündigung zur Folge haben.

3.9.2. Überwachung durch Standardsoftware bei erlaubter Privatnutzung

Anders zu beurteilen sind jene Fälle, in denen den Arbeitnehmern ein privates Nutzungsrecht eingeräumt wurde. Denn für ebendiese Privatnutzung kommt nun das Telekommunikationsgesetz (TKG) zur Anwendung. Die Anwendbarkeit ergibt sich aus den Begriffsbestimmungen des § 3 Nr. 22 und Nr. 23 TKG.

Telekommunikation wird dort definiert als der technische Vorgang des Aussendens, Übermittelns und Empfangens von Signalen mittels Telekommunikationsanlagen. Unter solchen versteht das Gesetz alle technischen Ein-

---

[142] Vgl. *Kliemt*, Michael (2001), Vertrauen ist gut, Kontrolle ist besser?, in: AuA, H. 12/2001, S. 532-538, S. 536.
[143] Vgl. *Höld*, a.a.O., S. 187f.

richtungen oder Systeme, die als Nachrichten identifizierbare elektromagnetische oder optische Signale senden, übertragen, vermitteln, empfangen, steuern oder kontrollieren können.

Hat der Arbeitgeber zumindest teilweise die private Nutzung des Internets erlaubt, sind seine Kontrollbefugnisse dergestalt eingeschränkt, dass nun wiederum die Arbeitnehmer ein berechtigtes Interesse daran haben, dass diese Privatnutzung nicht durch den Arbeitgeber überprüft wird.[144] Fraglich ist jedoch, wie eine Kenntnisnahme des Arbeitgebers in der Praxis bei einer realistischen Betrachtung der Begleitumstände vermieden werden kann. Denn die Protokollierungsfunktionen der Standardsoftware erfasst die dienstliche und die private Internetnutzung gleichermaßen; eine besondere Kennzeichnung oder Trennung ist nicht möglich. Daher kann der Arbeitgeber es gar nicht vermeiden, bei der zulässigen Überprüfung des dienstlichen Gebrauchs auch von der Privatnutzung des Arbeitnehmers zu erfahren. Hierin könnte jedoch ein Verstoß gegen § 88 TKG liegen, der bestimmt, dass nicht nur der Inhalt der Telekommunikation, sondern bereits die Tatsache, dass jemand an einem Telekommunikationsvorgang beteiligt war, unter das Fernmeldegeheimnis fällt.[145] Es wäre jedoch völlig unverhältnismäßig, mit Verweis auf § 88 TKG nunmehr dem Arbeitgeber die Kontrolle der dienstlichen Internetnutzung zu untersagen, auch wenn dadurch Informationen über die Privatnutzung preisgegeben werden. Hier ist der Auffassung Hölds zuzustimmen, derzufolge der Arbeitgeber lediglich verpflichtet ist, die Beeinträchtigung privater Interessen im Rahmen des Zumutbaren so gering wie möglich zu halten.[146] Falls ein Arbeitnehmer diesen Eingriff in seine Privatsphäre als unzumutbar empfände, könne er schließlich jederzeit auf eine private Nutzung verzichten, argumentiert Höld.

In diesem Zusammenhang muss jedoch darauf hingewiesen werden, dass die so genannten Internetrahmendaten oftmals einen deutlich höheren Informationsgehalt besitzen als Telefondaten. Aus einer gewählten Telefon-

---

[144] Vgl. *Höld*, a.a.O., S. 189. Es gilt jedoch zu beachten: Wenn in Betrieben auch Minderjährige als Auszubildende oder Aushilfen beschäftigt sind, hat wiederum der Arbeitgeber besondere Schutzpflichten: Er muss sie laut Gesetz vor jugendgefährdenden Inhalten schützen. Siehe dazu *Heidrich*, Joerg (2005), Was Admins dürfen und was nicht, in: iX - Magazin für professionelle Informationstechnik, 6/2005, S. 96.

[145] Vgl. *BerlKomm TKG / Klesczewski*, Rn. 14 zu § 88 TKG, S. 1610.

[146] Vgl. *Höld*, a.a.O., S. 189.

nummer lassen sich nicht ohne Weiteres Rückschlüsse ziehen, sofern nicht nachgeforscht wird, welcher Person oder Organisation dieser Anschluss zuzuordnen ist. Wird dem Arbeitgeber hingegen bekannt, dass ein Mitarbeiter während der Arbeitszeit wiederholt die Internetseite „www.seitensprung.de" aufgerufen hat, wird es für den betroffenen Mitarbeiter schnell sehr peinlich, falls nicht sogar arbeitsrechtliche Konsequenzen drohen.[147] Allerdings muss, wie bereits erwähnt wurde, aufgrund des § 88 TKG zunächst von einer Unzulässigkeit der Rahmendatenerfassung ausgegangen werden. Sofern sich dies aus technischen Gründen nicht umgehen lässt, dürfen diese Daten nicht weiter verwendet werden.[148] Von diesem Grundsatz kann ausnahmsweise abgewichen werden, wie aus den speziellen Regelungen des TKG ersichtlich wird. § 100 Abs. 1 TKG erlaubt die Erhebung und Verwendung von Bestands- und Verkehrsdaten bei Störungen und Fehlern an der Kommunikationsanlage. Diese Rechtsnorm ist laut Höld einschlägig, wenn der objektive Verdacht besteht, dass private Dateien virenbefallen oder sonst wie geeignet seien, Störungen und Fehler am betrieblichen Computersystem zu verursachen.[149] Eine Überprüfung der aufgerufenen Webseiten ist ebenfalls zulässig, wenn der Verdacht einer missbräuchlichen, z.B. unerlaubten oder übermäßigen Nutzung besteht (§ 100 Abs. 3 TKG). Ein bloß abstrakter Verdacht ist indes nicht ausreichend, vielmehr muss ein auf objektive Tatsachen gestützter begründeter Missbrauchsverdacht vorliegen.

Da eine Inhaltskontrolle privater Dateien grundsätzlich unzulässig ist, sind diese vor einer Einsichtnahme geschützt, wenn sie in einem als privat gekennzeichneten Ordner abgelegt sind. Überwiegt das Kontrollinteresse des Arbeitgebers, z.B. wegen des begründeten Verdachts auf strafrechtlich relevante Inhalte, gilt dies jedoch nicht.[150]

---

[147] Das angeführte Beispiel stammt von *Däubler*, Gläserne Belegschaften?, a.a.O., S. 171.
[148] Vgl. *Höld*, a.a.O., S. 189.
[149] Vgl. *Höld*, a.a.O., S. 190.
[150] Zu Recht empfiehlt *Grosjean*, Sascha (2003), Überwachung von Arbeitnehmern - Befugnisse des Arbeitgebers und mögliche Beweisverwertungsverbote, in: Der Betrieb, H. 49/2003, S. 2650-2654, Arbeitgebern, Verdachtsmomente, die eine Überwachungsmaßnahme legitimieren sollen, schon vor Beginn dieser Maßnahme sorgfältig zu dokumentieren (S. 2654).

3.9.3. Überwachung durch spezielle Überwachungssoftware

Die Überwachung der Internetnutzung durch spezielle Überwachungssoftware ist prinzipiell unzulässig. Maßnahmen dieser Art könnten nur dann gerechtfertigt sein, wenn neben einem berechtigten Kontrollinteresse des Arbeitgebers auch die Wahrung der Verhältnismäßigkeit zu bejahen wäre. Dies scheint indes äußerst unwahrscheinlich, da bereits eine Kontrolle der Rahmendaten, wie sie die Standardsoftware ermöglicht, ausreicht, um Missbräuche der Internetnutzung aufzudecken. So kommt Höld völlig zutreffend zu dem Ergebnis: „Zur Überwachung des Arbeitsverhaltens sind spezielle Überwachungsprogramme stets unverhältnismäßig."[151]

3.9.4. Private Internetnutzung als Kündigungsgrund

In diesem Abschnitt soll nun geklärt werden, unter welchen Voraussetzungen die Inanspruchnahme des Internets durch einen Arbeitnehmer zu privaten Zwecken einen Kündigungsgrund darstellen kann. Um diese Frage beantworten zu können, muss auch die generelle Zulässigkeit bzw. das eventuell zu tolerierende Ausmaß einer privaten Internetnutzung diskutiert werden. Die praktische Relevanz dieses Themas erklärt sich nach Kramer aus der Tatsache, dass Unternehmen in wirtschaftlich angespannten Zeiten stärker versuchen, betriebszweckfremde Tätigkeiten der Mitarbeiter aus Gründen der Arbeitseffizienz zu unterbinden.[152] Vor einem Jahrzehnt, als das Internet als neues Kommunikationsmedium Einzug in die Arbeitswelt erhielt, zeigten sich die Unternehmen hinsichtlich der Privatnutzung noch toleranter, da es mehr darauf ankam, die Belegschaft durch „learning by doing" mit dem neuen Arbeitsmittel vertraut zu machen.[153]

Da der Arbeitgeber i.d.R. Eigentümer der Betriebsmittel ist und auch die Kosten trägt, die bei deren Nutzung anfallen, ist er befugt, Art und Weise der Nutzung festzulegen. Das umfasst auch die grundsätzliche Entschei-

---

[151] *Höld*, a.a.O., S. 192.

[152] Vgl. *Kramer*, Stefan (2004), Internetnutzung als Kündigungsgrund, in: NZA, H. 9/2004, S. 457-464, S. 457.

[153] Siehe dazu auch *Dickmann*, a.a.O., S. 1009.

dungsfreiheit des Arbeitgebers, eine private Nutzungsmöglichkeit einzuräumen bzw. auszuschließen. Damit eine Privatnutzung zulässig ist, muss eine Erlaubnis des Arbeitgebers vorliegen, die jedoch nicht ausdrücklich erfolgen muss, sondern auch stillschweigend erteilt werden kann.[154] Für die Erteilung einer ausdrücklichen Erlaubnis kommen mehrere Möglichkeiten in Betracht: Sie kann im Rahmen einer Arbeitsanordnung oder einer Betriebsvereinbarung mit dem Betriebsrat erfolgen, kann aber auch bereits durch eine Klausel innerhalb des Arbeitsvertrags geregelt sein.[155] Falls keine ausdrückliche Erlaubnis des Arbeitgebers vorliegt, kann durch dessen Handeln unter Umständen eine stillschweigende Erlaubnis entstehen. Als Beispiel führt Kramer den Fall an, dass ein Arbeitgeber weder mündlich noch schriftlich eine Erlaubnis erteilt hat und mit einem Arbeitnehmer den Kostenanteil für die Privatnutzung abrechnet.[156] Strittig ist dagegen, ob eine konkludente Erlaubnis der privaten Internetnutzung bereits vorliegt, wenn der Arbeitgeber privates Telefonieren erlaubt hat und ihm durch die private Internetnutzung keine höheren Kosten entstehen.[157] Zu Recht verweist Kramer hier auf die entscheidenden Unterschiede der beiden Kommunikationsmittel. Denn anders als bei der Telefonnutzung drohe dem Computersystem des Unternehmens durch Viren etc. ein erheblicher Schaden. Aus der ausdrücklichen Gestattung der privaten Telefonnutzung könne daher keine konkludente Erlaubnis einer privaten Internetnutzung abgeleitet werden.

Praktisch bedeutsamer scheint dagegen die juristische Möglichkeit, eine private Nutzungserlaubnis auf der Grundlage einer betrieblichen Übung zu erlangen. Dies betrifft die Fälle, in denen die private Nutzung dem Arbeitgeber bekannt war oder erkennbar war und über einen längeren Zeitraum[158] widerspruchslos geduldet wurde und der Arbeitnehmer daher darauf vertrauen durfte, dass er auch zukünftig privat das Internet nutzen könne.

Auch wenn seitens des Arbeitgebers die Privatnutzung des Internets grundsätzlich erlaubt wurde, bleibt es schwierig, den Umfang der erlaubten Nut-

---

[154] Vgl. *Kramer*, a.a.O., S. 458.

[155] Vgl. *Barton*, E-Mail-Kontrolle durch Arbeitgeber, a.a.O., S. 840.

[156] Vgl. *Kramer*, a.a.O., S. 459.

[157] So etwa *Däubler*, Internet und Arbeitsrecht, a.a.O., S. 102.

[158] *Hanau / Hoeren*, a.a.O., S. 22 halten dabei einen Zeitraum von sechs bis zwölf Monaten für ausreichend, während *Kramer* von einem Mindestzeitraum von einem Jahr ausgeht (S. 459).

zung zu beurteilen, da vielfach versäumt wird, Grenzen der erlaubten Nutzung zu definieren. Dabei steht es dem Arbeitgeber frei, im Zuge der ausdrücklichen Erlaubnis die Art und Weise der Internetnutzung zu reglementieren. Aus Arbeitgebersicht ist eine pauschale Erlaubniserteilung problematisch, da die Arbeitnehmer dann sämtliche Internetdienste nutzen können, aber auch dies nur in einem normalen Umfang.[159] Als erlaubt gilt dann eine Internetnutzung, die die Betriebstätigkeit nicht stört, keine erheblichen, unzumutbaren Kosten mit sich bringt und keine Gefahren für das Betriebssystem verursacht. Die Privatnutzung ist mit Ausnahme einer Privatnutzung aus dienstlichem Anlass[160] auf die Pausenzeiten beschränkt.

Überschreitet der Arbeitnehmer den Umfang der vom Arbeitgeber gestatteten Privatnutzung, so verletzt er seine arbeitsvertraglichen Pflichten. Die Pflichtwidrigkeit kann sich aus einer Überschreitung der inhaltlichen, zeitlichen und örtlichen Grenzen der Nutzungsbefugnis ergeben.[161] Wenn der Arbeitgeber z.B. lediglich das Empfangen und Versenden privater E-Mails erlaubt hat, wäre das private Surfen im World Wide Web eine Pflichtverletzung. Der Arbeitnehmer muss darauf achten, dass die private Internetnutzung nicht die Erbringung der arbeitsvertraglich geschuldeten Tätigkeit nachteilig beeinträchtigen darf. Eine außerordentliche Kündigung ist nämlich nach einem Urteil des BAG aufgrund „ausschweifenden Surfens" im Internet möglich.[162]

In einem weiteren Fall, den das BAG zu entscheiden hatte, ging es um die Zulässigkeit einer außerordentlichen Kündigung wegen des fortlaufenden Aufrufens pornografischer Internetseiten.[163] Ein Angestellter des Bundesamtes für Wehrtechnik und Beschaffung hatte trotz des durch Dienstvorschriften geregelten privaten Nutzungsverbots mehr als zwei Monate lang fast täglich zwischen 15 Minuten und drei Stunden im Internet gesurft und

---

[159] Vgl. *Hanau / Hoeren*, a.a.O., S. 24.

[160] Als typischen Fall einer Privatnutzung aus dienstlichem Anlass betrachtet man z.B. die Mitteilung des Arbeitnehmers an den Ehepartner, er / sie werde aufgrund eines geschäftlichen Termins erst später als üblich nach Hause kommen. Vgl. *Weißnicht*, a.a.O., S. 448-453, S. 448.

[161] Vgl. *Kramer*, a.a.O., S. 460.

[162] Vgl. *BAG* vom 7.7.2005, in: MMR 2/2006, S. 94-97, mit dem Leitsatz: „Ein wichtiger Grund zur außerordentlichen Kündigung an sich kann vorliegen, wenn der Arbeitnehmer das Internet während der Arbeitszeit zu privaten Zwecken in erheblichem zeitlichen Umfang („ausschweifend") nutzt und damit seine arbeitsvertraglichen Pflichten verletzt."

[163] Vgl. *BAG* vom 27.4.2006, in: NZA 2006, S. 969.

dabei auch pornografische Seiten aufgerufen. Nach Auffassung der Bundesrichter ist eine außerordentliche Kündigung gerechtfertigt, da der Arbeitnehmer nicht nur das private Nutzungsverbot missachtet hat, sondern sein Verhalten auch eine Verletzung der arbeitsvertraglichen Hauptleistungspflicht darstellt. Ausschlaggebend ist hier der Umstand, dass sich der Arbeitnehmer am Arbeitsplatz verbotswidrig mit privaten Dingen beschäftigt hat und sich diese Beschäftigung als Arbeitszeit bezahlen ließ. Insofern kommt es nicht darauf an, dass das strafrechtliche Ermittlungsverfahren gegen den Arbeitnehmer eingestellt wurde. Ebenso wenig obliegt dem Arbeitgeber der Nachweis, dass die Arbeitsleistung durch das verbotene Verhalten gelitten hat.

Wenn in einem Betrieb weder eine ausdrückliche noch eine konkludente Erlaubnis zur Internetnutzung existiert und auch nicht durch eine betriebliche Übung gegeben ist, ist die private Internetnutzung durch einen Arbeitnehmer pflichtwidrig, da er in diesem Fall von der Unzulässigkeit ausgehen muss. Vor einer etwaigen Privatnutzung muss der Arbeitnehmer dann die Zustimmung des Arbeitgebers erhalten. Dies kann der Arbeitgeber jedoch ablehnen, da ein arbeitsvertragliches Recht auf Internetnutzung nicht existiert.[164]

Nutzt ein Arbeitnehmer das Internet in einer Weise, die einen Straftatbestand erfüllt, handelt es sich aus arbeitsrechtlicher Sicht um eine schwerwiegende Pflichtverletzung. Entscheidend ist jedoch nicht die Erfüllung bestimmter Straftatbestandsmerkmale, sondern die unwiederbringliche Zerstörung des Vertrauensverhältnisses zwischen Arbeitnehmer und Arbeitgeber. Schwerwiegende Pflichtverletzungen sind u.a.

- der Abruf kinderpornografischer Websites,
- das Aufrufen gewaltverherrlichender, volksverhetzender Seiten,
- der unbefugte Download urheberrechtlich geschützter Musik-, Bild- und Videodateien,
- die Verbreitung ehrverletzender, wahrheitswidriger oder beleidigender Behauptungen über den Arbeitgeber.[165]

---

[164] Vgl. *Kliemt*, a.a.O., S. 533.
[165] Vgl. *Kramer*, a.a.O., S. 461.

Die Rechtsprechung sieht bei pflichtwidrigem Verhalten der oben bezeichneten Art auch die Gefahr eines Imageschadens für den Arbeitgeber. Da jede Internetaktion verfolgbare Spuren im Netz hinterlässt, ist eine unerlaubte Internetnutzung nach Auffassung des ArbG Hannover geeignet, den Ruf eines Unternehmens nachteilig zu beeinträchtigen.[166]

3.10. E-Mailüberwachung

Die Gründe, aus denen Arbeitgeber eine Überwachung der betrieblichen E-Mailnutzung vornehmen, gleichen denen der Internetnutzung. Es geht auch hier um Fälle verbotener, übermäßiger oder missbräuchlicher Nutzung. Somit kollidiert wiederum das Kontrollinteresse des Arbeitgebers mit dem Persönlichkeitsrecht der Arbeitnehmer. Und auch hier hängt die rechtliche Zulässigkeit davon ab, der der Mailinhalt oder nur Rahmendaten kontrolliert werden und ob die dienstliche oder die private Nutzung der Kontrolle unterworfen ist.[167]

3.10.1. Inhaltskontrolle bei dienstlicher Nutzung

Der betrieblich veranlasste E-Mailverkehr kann (bei verbotener Privatnutzung) vom Arbeitgeber grundsätzlich sowohl hinsichtlich der Verbindungsdaten als auch hinsichtlich des Mailinhalts kontrolliert werden.[168] Dieses Recht kann der Arbeitgeber in Anspruch nehmen, weil er als Träger des wirtschaftlichen Risikos und der rechtlichen Verantwortung ein schützenswertes Interesse an der Kontrolle der betrieblichen Kommunikation hat.[169] Hier kann ohne Einschränkung der Argumentation Hölds gefolgt werden,

---

[166] Vgl. *ArbG Hannover*, in: NZA 2001, S. 1022. Siehe jetzt auch *BAG* vom 27.4.2006, in: NZA 2006, S. 969, zum möglichen Imageschaden des öffentlichen Dienstes.

[167] Vgl. *Bier*, Sascha (2004), Internet und Email am Arbeitsplatz, in: DuD 2004, S. 277-281, S. 277. Als Sonderfall ist noch die gewerkschaftliche E-Mailnutzung zu nennen. Zur Frage, ob sich ein privates Nutzungsverbot auch auf gewerkschaftliche E-Mailkommunikation erstreckt, siehe *Kronisch*, Gerhard (2002), E-Mail- und Internetkontakte am Arbeitsplatz, in: AuA, H. 10/2002, S. 454-456.

[168] Vgl. *Gliss / Kramer*, Arbeitnehmerdatenschutz: Aktionsfelder für Betriebsräte, a.a.O., S. 74f. Siehe auch *Hilber*, Marc / *Frik*, Roman (2002), Rechtliche Aspekte der Nutzung von Netzwerken durch Arbeitnehmer und den Betriebsrat, in: RdA, H. 2/2002, S. 89-97, S. 94.

[169] Vgl. *Höld*, a.a.O., S. 195.

der drei Gründe angibt, warum im Bereich der dienstlichen E-Mailkontrolle die Rechte der Arbeitnehmer nicht in unzumutbarer Weise beschränkt werden: Erstens wird hier lediglich das Arbeitsverhalten kontrolliert, zweitens kann der besondere Schutz des gesprochenen Wortes bei dieser Nachrichtenform keine Anwendung finden[170], und drittens wäre es rechtsmissbräuchlich, wenn sich ein Arbeitnehmer auf Persönlichkeitsschutz für private Inhalte bei verbotener Privatnutzung beriefe. Erlangt der Arbeitgeber indes im Zuge der dienstlichen Überprüfung Kenntnis von privaten Inhalten, unterliegt deren Verwendung und Speicherung strikten Erforderlichkeitsvoraussetzungen.
In der Rechtslehre findet man kontroverse Auffassungen über den grundsätzlichen Status der E-Mail sowie über die Schutzwürdigkeit der E-Mailkommunikation. Nach Auffassung von Däubler ist eine E-Mail in der Schutzbedürftigkeit einem Telefongespräch vergleichbar. Daher will Däubler die strengen Grundsätze zur Inhaltskontrolle von dienstlichen Telefongesprächen auch für die Überprüfung dienstlicher Mails gelten lassen.[171] Diese Gleichstellung sei gerechtfertigt, da in E-Mails oftmals spontan Reaktionen ausgedrückt würden, von denen ausschließlich der Adressat Kenntnis erlangen solle. Auch sei eine E-Mail privater, informeller und persönlicher als ein Geschäftsbrief oder Telefax. Daher sei die Inhaltskontrolle von E-Mails hinsichtlich der Eingriffstiefe mit dem Mithören von Telefonaten vergleichbar. Anderer Auffassung ist wiederum Höld - mit überzeugenden Argumenten. Das heimliche Mithören dienstlicher Telefongespräche ist wegen der besonderen Schutzbedürftigkeit des gesprochenen Worts unzulässig. Wie oben bereits ausgeführt wurde, soll die Möglichkeit spontaner Kommunikation geschützt werden, beim gesprochenen Wort also insbesondere das Bewusstsein der Flüchtigkeit und jederzeitigen Korrigierbarkeit. „Gegenstand einer E-Mail ist jedoch nicht das gesprochene, sondern das geschriebene Wort, so dass eine Mail vielmehr mit einem Geschäftsbrief vergleichbar ist, wobei unbestritten ist, dass die Geschäftspost vom Arbeitgeber vollständig zur Kenntnis genommen werden kann. Auch in rechtlicher Hinsicht stellt eine E-Mail im Hinblick auf § 126a BGB [Formerfordernisse bei elektroni-

---

[170] So auch *Grosjean*, a.a.O., S. 2652.
[171] Vgl. *Däubler*, Internet und Arbeitsrecht, a.a.O., Rn. 249.

schen Signaturen, Anm. des Verf.] und das Signaturgesetz ein ‚funktionsäquivalentes Substitut' für schriftliche Erklärungen im Rechtsverkehr dar."[172] Die Schutzwürdigkeit der E-Mailkommunikation lässt sich daher nicht über Analogien zu Telefongesprächen begründen.

3.10.2. Inhaltskontrolle bei privater Nutzung

Falls der Arbeitgeber die private E-Mailnutzung erlaubt hat, ist eine inhaltliche Kontrolle privater E-Mails grundsätzlich unzulässig. Strittig ist indes, über welchen Argumentationsweg man zu diesem Ergebnis gelangt. Der Arbeitgeber kann nämlich Diensteanbieter i.S.d. § 3 Nr. 6 TKG sein. Diensteanbieter ist jeder, der ganz oder teilweise geschäftsmäßig Telekommunikationsdienste erbringt oder an der Erbringung solcher Dienste mitwirkt. In diesem Fall wäre das Fernmeldegeheimnis des § 88 TKG zu beachten[173], das den Arbeitnehmer dann vor einer Inhaltskontrolle schützt, sofern dies nicht für die geschäftsmäßige Erbringung der Telekommunikationsdienste erforderlich ist (§ 88 Abs. 3 TKG). Man kann jedoch auch eine Anwendbarkeit des TKG verneinen. Dieses spricht schließlich von der geschäftsmäßigen Erbringung von Telekommunikationsdiensten, und an ebendieser Geschäftsmäßigkeit kann es mangeln, da ein Arbeitgeber wohl kein berechtigtes Interesse an privater Korrespondenz hat.[174] In diesem Fall muss die Zulässigkeit nach den Regeln des BDSG beurteilt werden (§ 28 Abs. 1 Nr. 1 BDSG). Ausnahmsweise kann eine Inhaltskontrolle zulässig sein, wenn sie das einzig effektive Mittel darstellt, den auf objektiven Tatsachen basierenden Verdacht schwerwiegender Vertragsverletzungen oder Missbräuchen nachzugehen.

---

[172] *Höld*, a.a.O., S. 197. Auch *Beckschulze*, Martin / *Henkel*, Wolfram (2001), Der Einfluss des Internets auf das Arbeitsrecht, in: Der Betrieb, H. 27/28, 13.07.2001, S. 1491-1506, S. 1494, vergleichen geschäftliche E-Mails mit Geschäftsbriefen.

[173] Vgl. *Heidrich*, a.a.O., S. 96.

[174] Vgl. *Höld*, a.a.O., S. 200.

3.10.3. Kontrolle der Rahmendaten

Bereits die Überprüfung der Rahmendaten der E-Mailkorrespondenz stellt einen Eingriff in die Persönlichkeitsrechte der Arbeitnehmer dar. Unproblematisch ist dies jedoch im Bereich der dienstlichen Kommunikation, da hier das schützenswerte Interesse des Arbeitgebers an einer Kontrolle der betrieblichen Kommunikation sogar den schwerwiegenderen Eingriff der Inhaltskontrolle rechtfertigt. Private Kommunikation jedoch unterliegt wiederum dem Schutzbereich des § 88 TKG sowie der §§ 95ff. TKG. Aus § 100 Abs. 3 TKG ergibt sich, dass der Arbeitgeber zur Überprüfung einer übermäßigen oder missbräuchlichen privaten Inanspruchnahme die Versand- und Empfangszeiten während der Arbeitszeit überprüfen darf. § 97 TKG gestattet dem Arbeitgeber, die für eine Kostenabrechnung erforderlichen Daten zu erfassen. Die Erfassung der gesendeten und empfangenen Datenmenge ist gemäß § 100 Abs. 1 TKG zulässig, wenn der begründete Verdacht einer einem Arbeitnehmer zuzurechnenden Netzwerküberlastung besteht.[175]

3.11. Praxistipp für den Umgang mit Internet und E-Mail am Arbeitsplatz

Die vorangegangene juristische Erörterung der Probleme, die sich aus der Nutzung von Internet und E-Mail am Arbeitsplatz ergeben, zeigt, dass sich hier ein kompliziertes, weites Feld auftut.[176] Es soll an dieser Stelle nicht für den Versuch plädiert werden, die juristischen Probleme durch grundsätzliche Nutzungsverbote überschaubar zu halten. Ratsam scheint hingegen, im Interesse beider Seiten ausdrückliche Vereinbarungen über den zulässigen Privatgebrauch von Internet und E-Mail zu treffen.[177] So können z.B. in einer Betriebsvereinbarung konkrete Vorgaben für die Webnutzung sowie

---

[175] Vgl. *Höld*, a.a.O., S. 201f.

[176] Vgl. *Bizer*, Johann (2004), Private Internetnutzung am Arbeitsplatz, in: DuD 2004, S. 432-440, S. 432, der sogar von einem „rechtlichen Minenfeld“ spricht.

[177] Vgl. *Altenburg / von Reinersdorff / Leister*, Telekommunikation am Arbeitsplatz, a.a.O., S. 135. Siehe auch *Dickmann*, a.a.O., S. 1009.

zu Sanktionen bei Missachtung der Regeln gemacht werden.[178] Erhebliche Erleichterung bei der Kontrolle des E-Mailverkehrs kann auch durch eine strikte Trennung erzielt werden, indem die private Kommunikation über einen separaten Account abgewickelt wird.[179] Es sollte technisch problemlos möglich sein, im E-Mailprogramm des Arbeitnehmers ein entsprechendes Konto für private Nachrichten einzurichten. Diese privaten E-Mails könnten dann auch über eine private E-Mailadresse gesendet und empfangen werden, d.h. etwa über „name@web.de" anstatt über „arbeitnehmername@firma.com". Aus Sicht des Arbeitgebers hat eine solche Vorgehensweise zudem den Vorteil, dass private, nicht-geschäftsbedingte Äußerungen von Mitarbeitern auch nicht dem Arbeitgeber zuzuordnen sind.

[178] Vgl. *Nägele / Meyer*, a.a.O., S. 317; *Jofer / Wegerich*, a.a.O., S. 240.

[179] Vgl. *Weißnicht*, a.a.O., S. 453. Dies bezeichnen auch *Lindemann*, Achim / *Simon*, Oliver (2001), Betriebsvereinbarungen zur E-Mail-, Internet- und Intranetnutzung, in: BB, H. 38/2001, S. 1950-1956, S. 1956, als beste Lösung.

4. Betriebswirtschaftliche Aspekte der technischen Arbeitnehmerüberwachung

Zu Beginn dieser Arbeit wurde bereits die Frage gestellt, ob eine restriktive Arbeitnehmerüberwachung aus betriebswirtschaftlicher Perspektive überhaupt sinnvoll ist. Denn die rechtliche Zulässigkeit einer Maßnahme bietet keinerlei Gewähr dafür, dass diese sich letztlich auch positiv auf den Unternehmenserfolg auswirkt. Daher sollen nun die bekannten Argumente, die regelmäßig zur Begründung der Notwendigkeit technischer Überwachungsmaßnahmen vorgebracht werden, dahingehend untersucht werden, ob sie auch ökonomisch plausibel sind.

Bei der Einführung neuer technischer Überwachungsmethoden oder der Intensivierung bestehender Kontrollmaßnahmen, die den Überwachungsdruck der Mitarbeiter erhöhen, muss man mit Nebenfolgen rechnen. Die gewerkschaftlichen Aktivitäten z.B. von ver.di für mehr Onlinerechte und einen besseren Arbeitnehmerdatenschutz zeigen, dass die Folgen der technischen Überwachung nicht nur von ein paar Theoretikern problematisiert werden, sondern in der Arbeitswelt als reales Problem wahrgenommen werden. Wenn die Mitarbeiter eines Unternehmens die zunehmende Überwachung als weitere Beschneidung ihrer Rechte und Schwächung ihrer wirtschaftlichen und gesellschaftlichen Position empfinden, kann sich dies äußerst negativ auf die Motivation und das Betriebsklima auswirken. Daher wird es nicht unerheblich sein, ob die Unternehmensleitung sich auf gute Argumente stützen kann oder ihre Entscheidung den Eindruck von Willkür erweckt.

4.1. Telekommunikationskosten

Seitens der Arbeitgeber wird oftmals mit der Höhe der Telekommunikationskosten argumentiert. Das Nutzungsverhalten der Mitarbeiter müsse technisch überprüft werden, um keinen wirtschaftlichen Schaden zu erleiden. Die Gewerkschaft ver.di sieht dagegen in den mit der Nutzung des Internets verbundenen Kommunikationskosten heute kein Argument mehr, das gegen den freien Zugang der Beschäftigten spricht.[180] Denn durch die Liberalisierung des Telekommunikationsmarktes seien die Kosten radikal gesunken, und inzwischen verfügen fast alle Unternehmen, die ein internes Netzwerk nutzen, auch über einen Internetzugang. Größere Firmen treten als eigener Provider mit eigener Standleitung zum öffentlichen Netz auf oder haben für die Netznutzung einen Pauschalpreis vereinbart. Selbst kleine Firmen, die nur über ein Modem oder eine ISDN-Karte an das Internet angeschlossen sind, werden in der Regel die Verbindungskosten pauschal mit einer Flatrate begleichen.

Die Einschätzung von ver.di muss m.E. als zutreffend bezeichnet werden. Tatsächlich werden den meisten Unternehmen durch die Privatnutzung von Mitarbeitern keine weiteren Kosten entstehen. Falls dies doch der Fall ist, so fallen die Zusatzkosten i.d.R. sehr gering aus und können getrost hingenommen werden.

4.2. Arbeitszeitverlust durch privates Surfen

Auch das Argument, dass durch privates Surfen während der Arbeitszeit massive wirtschaftliche Verluste entstünden, kann m.E. nicht überzeugen. Zu Recht weist ver.di darauf hin, dass die heutige Berufswelt durch ergebnisorientiertes Arbeiten gekennzeichnet ist. Zu beobachten sind also eher eine steigende Arbeitsbelastung, Zeitdruck, die Zunahme beruflicher Pflichten und die wachsende Selbstverantwortung in der Aufgabenerledigung. All dies führt dazu, dass die private Nutzung der vorhandenen Infrastruktur während der Arbeitszeit nicht ausufert. Ein Arbeitnehmer, der ohnehin fast täglich Überstunden machen muss, um die Arbeit zu bewältigen, wird i.d.R. seinen Arbeitstag nicht noch zusätzlich verlängern wollen, indem er nebenbei noch privat im Internet surft. Falls in einem Betrieb regelmäßig Leerlauf herrscht, der den Mitarbeitern ein stundenlanges Surfen im Netz erlaubt, muss man sowieso von einem gravierenden Managementproblem ausgehen, und es wäre der falsche Lösungsansatz, die Schuld bei den einfachen Mitar-

---

[180] Vgl. *ArbeitgeberInnen und Gewerkschaften: Wer sagt was zum Thema "Onlinerechte"?* Online im Internet: URL: http://www.onlinerechte-fuer-beschaeftigte.de/positions [12.01.07].

beitern zu suchen. Im Übrigen können Regelungen auf betrieblicher Ebene vereinbart werden, die ein unangemessenes Surfverhalten ausschließen.

4.3. Gefährdung der Systemsicherheit / Kapazitätsprobleme

Der Verweis auf Kapazitätsprobleme des Firmennetzwerks ist heute auch kaum geeignet, Restriktionen zu begründen. Die Verbesserung der Übertragungskapazitäten der Systeme hat dazu geführt, dass die Auslastungsgrenzen der Systeme im Regelfall nicht erreicht werden.[181] Die Systemsicherheit kann außerdem durch geeignete technische Maßnahmen (z.B. Firewall) und entsprechende Schulung der Beschäftigten gewährleistet werden. Da Computerviren oft gerade zu dem Zweck programmiert werden, in großen kommerziellen IT-Systemen Schaden anzurichten, ist kaum nachvollziehbar, wieso die Gefährdung dieser Netzwerke gerade durch das Verbot privater E-Mails verringert werden soll.

4.4. Missbrauch des Unternehmensnetzwerks

Dem Arbeitgeberargument, ein Unternehmen müsse dem Missbrauch seines Netzwerks durch technische Überwachung entgegenwirken, hält ver.di entgegen, der Internetzugang dürfe weder von den Beschäftigten noch von den Interessenvertretungen dazu genutzt werden, Beleidigungen, Geschäftsgeheimnisse oder sensible betriebsinterne Daten zu verbreiten oder Webseiten mit strafbaren Inhalten aufzurufen. Durch eine gemeinsame Definition des Begriffs „Missbrauch“ und entsprechende Verfahrensregelungen könne Sicherheit für alle Beteiligten erreicht werden. Zudem sei fraglich, ob Beschäftigte, die Betriebs- oder Geschäftsgeheimnisse verraten wollen, dies per E-Mail tun, oder ob sie nicht andere, unauffälligere Methoden wählen.[182]

---

[181] Vgl. *ArbeitgeberInnen und Gewerkschaften: Wer sagt was zum Thema "Onlinerechte"?*, a.a.O.

[182] Vgl. *ArbeitgeberInnen und Gewerkschaften: Wer sagt was zum Thema "Onlinerechte"?*, a.a.O.

Aufgrund der nicht besonders plausiblen Fokussierung auf die vielfältigen Missbrauchsmöglichkeiten wird ein anderer Effekt der Internetnutzung allzu leicht übersehen: Die Mitarbeiter bilden sich selbst ständig weiter, sie sorgen selbst dafür, dass ihre technischen Kenntnisse dem aktuellen Stand entsprechen und lernen wie selbstverständlich einen effizienten Umgang mit Informationen. Man stelle sich nur die Kosten vor, die anfielen, wenn man die Mitarbeiter zum Erwerb dieser Schlüsselqualifikationen in eigene Fortbildungsseminare schicken müsste. Vor diesem Hintergrund scheint es ratsam, auf die Eigenmotivation der Mitarbeiter zu setzen und selbst bei einer eventuellen verbotenen Privatnutzung ein Auge zuzudrücken. Diese Sichtweise entspricht auch der Auffassung von Martina Perreng, die gleichfalls erkennt, dass die private Nutzungsmöglichkeit des Internets kein Geschenk an die Mitarbeiter darstellt, sondern sich letztendlich für das Unternehmen auszahlt. Perreng merkt an: „Darüber hinaus tut sich ein Arbeitgeber auch selbst keinen Gefallen, die Nutzung moderner Medien grundsätzlich zu verbieten. Denn je sicherer und unvoreingenommener ein Arbeitnehmer mit modernen Kommunikationsmitteln umgeht, umso besser wird er die darin fraglos liegenden Möglichkeiten nutzen können.“[183]

4.5. Auswirkungen auf die Mitarbeitermotivation

Zuletzt soll noch auf den Zusammenhang zwischen Misstrauen und Mitarbeiterleistung hingewiesen werden. Bekanntermaßen erzeugt eine intensive technische Arbeitnehmerüberwachung bei der Belegschaft das Gefühl, ihr werde grundsätzlich misstraut. Dieses Misstrauen des Arbeitgebers - ob es nun begründet ist oder nicht - wirkt sich jedoch negativ auf die Motivation und die Arbeitsleistung der Mitarbeiter aus, wie Armin Falk und Michael Kosfeld in einer Studie experimentell nachgewiesen haben.[184] Die Autoren gaben ihrem Aufsatz den Titel „Distrust - The Hidden Cost of Control“. Somit wird deutlich, dass durch Kontrolle und Misstrauen einem Unternehmen verdeckte Kosten entstehen, die in dem betriebswirtschaftlichen Ent-

---

[183] *Perreng*, a.a.O., S. 643.
[184] Vgl. *Falk*, Armin / *Kosfeld*, Michael (2004), Distrust - The Hidden Cost of Control, IZA Discussion Paper Nr. 1203.

scheidungskalkül, ob eine technische Überwachung stattfinden soll, berücksichtigt werden müssen. Das Experiment von Falk und Kosfeld ergab: „A principal's distrust in the voluntary performance has a negative impact on the agent's motivation to perform well. [...] Principals who trust induce, on average, a higher performance and hence earn higher payoffs than principals who control. The reason is that most agents lower their performance as a response to the signal of distrust created by the principal's decision to limit their choice set."[185] Vertrauen zahlt sich also tatsächlich aus, denn Misstrauen veranlasst die Mitarbeiter dazu, ihre Arbeitsleistung zu reduzieren. Diese Einsicht wird von den Forschern mehrfach wiedergegeben. An anderer Stelle heißt es etwa: „Given the hidden costs of control, principals earn more if they trust their agents than if they control."[186] Anderenfalls besteht die Gefahr einer sich selbst erfüllenden Prophezeiung des Misstrauens.

---

[185] *Falk / Kosfeld*, a.a.O., S. 3.
[186] *Falk / Kosfeld*, a.a.O., S. 5.

5. Zusammenfassung und Fazit

Im Rahmen der hier vorliegenden Diplomarbeit ging es um die Möglichkeit, die Zulässigkeit und den Nutzen von technischen Überwachungsmaßnahmen, die sich gegen Arbeitnehmer richten. Es lässt sich leicht zeigen, dass es notwendig ist, sich mit diesem Thema zu beschäftigen, denn es ist im Wirtschaftsleben seit geraumer Zeit sozusagen „in“, das Arbeitsverhalten der Mitarbeiter mit immer neuen Formen einer anonymen, vielfach elektronischen Kontrolle zu überwachen. Die eingangs genannten Daten deuten darauf hin, dass der Trend zu immer mehr Kontrolle zunächst weiter besteht. Bei vielen Unternehmen lautet die Devise: Vertrauen ist gut - Kontrolle ist besser!

So sehr dieses Sprichwort auch unmittelbar einleuchtet, bei näherem Hinsehen ergeben sich doch eine Vielzahl von Problemen. Die technische Arbeitnehmerüberwachung wurde daher sowohl aus einer juristischen als auch aus einer betriebswirtschaftlichen Perspektive hinterfragt. Bei der juristischen Betrachtung wurde schnell deutlich, dass hinter der Frage, welche Überwachungsform im Einzelnen zulässig ist, die miteinander unvereinbaren Interessen der Arbeitnehmer- und Arbeitgeberseite stehen, die dennoch irgendwie einem Kompromiss zugeführt werden müssen. Diesen Prozess nennen die Juristen Interessenabwägung. Die Diskussion zeigte, dass es sich dabei nicht um Kleinigkeiten handelt. Technische Überwachungsmaßnahmen stellen vielmehr regelmäßig schwere Eingriffe in die durch das Grundgesetz geschützten Persönlichkeitsrechte der Arbeitnehmer dar. Auf der anderen Seite schützt das Grundgesetz jedoch auch das Eigentum sowie das Recht auf freie unternehmerische Betätigung. Diese Grundrechte auf Arbeitgeberseite sind geeignet, Eingriffe in die Arbeitnehmerrechte zu legitimieren.

In den meisten Teilbereichen der technischen Arbeitnehmerüberwachung ist momentan eine Rechtslage vorzufinden, die man m.E. als vernünftigen Kompromiss bezeichnen kann. Eklatante Schieflagen sind jedenfalls nicht erkennbar. Doch die herrschende Meinung und Rechtssprechung können sich ändern. Den Interessenvertretern beider Seiten kommt daher die Aufgabe zu, weiter ihre Schutzbedürfnisse deutlich zu machen.

Meiner persönlichen Rechtsauffassung zufolge sollte die Arbeitnehmerseite dem Bereich Videoüberwachung verstärkte Aufmerksamkeit widmen. Hier macht sich am ehesten eine Tendenz bemerkbar, das Recht am eigenen Bild über Gebühr zugunsten des vermeintlichen Eigentumsschutzes einzuschränken.

Sinnvoll erscheint die Schaffung eines Arbeitnehmerdatenschutzgesetzes, da sich die derzeitige Rechtslage unnötig kompliziert darstellt. Die Bemühungen von Datenschutzexperten und Gewerkschaften sind daher begrüßenswert.

Neben die juristische Beurteilung trat in dieser Arbeit die betriebswirtschaftliche Kritik der technischen Arbeitnehmerüberwachung. So wurde gezeigt, dass die typischen Argumente, die eine technische Kontrolle als wirtschaftlich notwendig erscheinen lassen sollen, nicht stichhaltig sind. Nicht zu unterschätzen sind dagegen die verdeckten Kosten, die durch Misstrauen gegenüber den Mitarbeitern entstehen. Daher spricht nicht nur der Respekt vor den Persönlichkeitsrechten der Arbeitnehmer gegen die zunehmende technische Überwachung, sondern auch das unternehmerische Interesse, einen möglichst hohen Gewinn zu erzielen.

6. Literaturverzeichnis

Altenburg, Stephan / *von Reinersdorff*, Wolfgang / *Leister*, Thomas (2005), Telekommunikation am Arbeitsplatz, in: MMR, H. 3/2005, S. 135-139.

Altenburg, Stephan / *von Reinersdorff*, Wolfgang / *Leister*, Thomas (2005), Betriebsverfassungsrechtliche Probleme der Telekommunikation am Arbeitsplatz, in: MMR, H. 4/2005, S. 222-226.

Barton, Dirk (2003), E-Mail-Kontrolle durch Arbeitgeber, in: Computer und Recht, H. 11/2003, S. 839-844.

Barton, Dirk (2003), (Mit-) Verantwortlichkeit des Arbeitgebers für rechtsmissbräuchliche Online-Nutzungen durch den Arbeitnehmer, in: Computer und Recht, H. 8/2003, S. 592-598.

Bayreuther, Frank (2005), Videoüberwachung am Arbeitsplatz, in: NZA, H. 18/2005, S. 1038-1044.

Beckschulze, Martin / *Henkel*, Wolfram (2001), Der Einfluss des Internets auf das Arbeitsrecht, in: Der Betrieb, H. 27/28, 13.07.2001, S. 1491-1506.

Berliner Kommentar zum Telekommunikationsgesetz (2006), Frankfurt am Main: Verlag Recht und Wirtschaft.

Biegel, Andreas (2000), Überwachung von Arbeitnehmern durch technische Einrichtungen, Hamburg: Kovac.

Bier, Sascha (2004), Internet und Email am Arbeitsplatz, in: DuD 2004, S. 277-281.

Bizer, Johann (2004), Private Internetnutzung am Arbeitsplatz, in: DuD 2004, S. 432-440.

Borchers, Detlef (2004), PC-Spionage am Arbeitsplatz und zu Hause, in: c't - Magazin für Computertechnik, 23/2004, S. 146.

Brox / Rüthers / Henssler (2004), Arbeitsrecht, 16., neu bearb. Aufl., Stuttgart: Kohlhammer.

Canaris, Claus-Wilhelm (1984), Grundrechte und Privatrecht, in: AcP 184, H. 3, S. 201-246.

Dammann, Klaus (2005), Mitbestimmung des Betriebsrats bei Videoüberwachung, in: AiB, H. 11/2005, S. 687-691.

Däubler, Wolfgang (2002), Gläserne Belegschaften? Datenschutz in Betrieb und Dienststelle, 4., überarb. und erw. Aufl., Frankfurt am Main: Bund-Verlag.

Däubler, Wolfgang (2004), Internet und Arbeitsrecht, 3., akt. Aufl., Frankfurt am Main: Bund-Verlag.

Dickmann, Roman (2003), Inhaltliche Ausgestaltung von Regelungen zur privaten Internetnutzung im Betrieb, in: NZA, H. 18/2003, S. 1009-1013.

Dörner / Luczak / Wildschütz (2006), Handbuch des Fachanwalts Arbeitsrecht, 5., überarb. und erw. Aufl., Neuwied: Luchterhand.

Erfurter Kommentar zum Arbeitsrecht (2006), 6., neu bearb. Aufl., München: Beck.

Falk, Armin / *Kosfeld*, Michael (2004), Distrust - The Hidden Cost of Control, IZA Discussion Paper Nr. 1203.

Fitting / Engels / Schmidt / Trebinger / Linsenmaier (2006), Betriebsverfassungsgesetz: Handkommentar, 23., neu bearb. Aufl., München: Vahlen.

Fleck, Ulrike (2003), Brauchen wir ein Arbeitnehmerdatenschutzgesetz?, in: BB, H. 6/2003, S. 306-310.

Franzen, Martin (2001), Die Novellierung des Bundesdatenschutzgesetzes und ihre Bedeutung für die Privatwirtschaft, in: Der Betrieb, H. 35/2001, S. 1867-1873.

Gliss, Hans / *Kramer*, Philipp (2006), Arbeitnehmerdatenschutz: Aktionsfelder für Betriebsräte, Frankfurt am Main: Bund-Verlag.

Gola, Peter / *Klug*, Christoph (2003), Grundzüge des Datenschutzrechts, München: Beck.

Gola, Peter / *Schomerus*, Rudolf (2002), BDSG: Bundesdatenschutzgesetz: Kommentar, 7., völlig neu bearb. Aufl., München: Beck.

Gounalakis, Georgios / *Rhode*, Lars (2002), Persönlichkeitsschutz im Internet - Grundlagen und Online-Spezifika, München: Beck.

Grobys, Marcel (2003), Wir brauchen ein Arbeitnehmerdatenschutzgesetz!, in: BB, H. 13/2003, S. 682-683.

Grosjean, Sascha (2003), Überwachung von Arbeitnehmern - Befugnisse des Arbeitgebers und mögliche Beweisverwertungsverbote, in: Der Betrieb, H. 49/2003, S. 2650-2654.

Guckelberger, Annette (2003), Die Drittwirkung der Grundrechte, in: JuS, H. 12/2003, S. 1151-1157.

Hanau, Peter / *Hoeren*, Thomas (2003), Private Internetnutzung durch Arbeitnehmer: die arbeits- und betriebsverfassungsrechtlichen Probleme, München: Beck.

Heidrich, Joerg (2005), Was Admins dürfen und was nicht, in: iX - Magazin für professionelle Informationstechnik, 6/2005, S. 96.

Hilber, Marc / *Frik*, Roman (2002), Rechtliche Aspekte der Nutzung von Netzwerken durch Arbeitnehmer und den Betriebsrat, in: RdA, H. 2/2002, S. 89-97.

Hoeren, Thomas (2006), Internetrecht, Manuskript Universität Münster.

Höld, Florian (2006), Die Überwachung von Arbeitnehmern, Hamburg: Kovac.

Hornung, Gerrit (2004), Zwei runde Geburtstage: Das Recht auf informationelle Selbstbestimmung und das WWW, in: MMR, H. 1/2004, S. 3-8.

Huff, Martin (2005), Videoüberwachung im öffentlichen und privaten Bereich - Eine Zwischenbilanz, in: JuS, H. 10/2005, S. 896-899.

Jaeger, Stefan (2001), Vorsicht bei Überwachungssoftware, in: AuA, H. 9/2001, S. 402-404.

Jarass, Hans / *Pieroth*, Bodo (2006), Grundgesetz für die Bundesrepublik Deutschland: Kommentar, 8. Aufl., München: Beck.

Jofer, Robert / *Wegerich*, Christine (2002), Betriebliche Nutzung von E-Mail-Diensten: Kontrollbefugnisse des Arbeitgebers, in: K&R, H. 5/2002, S. 235-240.

Kaufmann, Noogie C. (2006), Rechtsprechung zum Datenschutz 2005 – Teil 2, in: DuD 2006, S. 230-235.

Kliemt, Michael (2001), Vertrauen ist gut, Kontrolle ist besser?, in: AuA, H. 12/2001, S. 532-538.

Kramer, Stefan (2004), Internetnutzung als Kündigungsgrund, in: NZA, H. 9/2004, S. 457-464.

Kronisch, Gerhard (2002), E-Mail- und Internetkontakte am Arbeitsplatz, in: AuA, H. 10/2002, S. 454-456.

Leutheusser-Schnarrenberger, Sabine (2000), Bedeutung von Privatheit und Vertraulichkeit der Kommunikation, in: Siegfried Lamnek (Hg.), Zeit und kommunikative Rechtskultur in Europa, S. 329-331.

Lindemann, Achim / *Simon*, Oliver (2001), Betriebsvereinbarungen zur E-Mail-, Internet- und Intranetnutzung, in: BB, H. 38/2001, S. 1950-1956.

Linnenkohl, Karl / *Gressierer*, Christine (1999), Das Mithören von Telefonaten im Arbeitsverhältnis, in: AuA, H. 9/1999, S. 410-413.

Maunz, Theodor / *Dürig*, Günter (2006), Kommentar zum Grundgesetz, 47. Lieferung, München: Beck.

Mengel, Anja (2004), Kontrolle der Telekommunikation am Arbeitsplatz, in: BB, H. 26/2004, S. 1445-1453.

Mesmer, Alexandra (2003), Nutzung von Internet und E-Mail am Arbeitsplatz: Fragile Grenzen der Mitarbeiterkontrolle: Interview mit Prof. Dr. Peter Wedde, in: Computerwoche, 25.04.2003, Nr. 17, S. 44.

Michalski, Lutz (2006), Arbeitsrecht, 6., neu bearb. Aufl., Heidelberg: Müller.

Nägele, Stefan / *Meyer*, Lars (2004), Internet und E-Mail am Arbeitsplatz, in: K&R, H. 7/2004, S. 312-317.

Panzer, Andrea (2004), Mitarbeiterkontrolle und neue Medien, Frankfurt am Main: Peter Lang.

Perreng, Martina (2005), Onlinerechte für Beschäftigte: Was tut sich beim Arbeitnehmerdatenschutz?, in: AiB, H. 11/2005, S. 642-644.

Pieroth, Bodo / *Schlink*, Bernhard (2006), Grundrechte: Staatsrecht II, 22., neu bearb. Aufl., Heidelberg: C.F. Müller.

Schmidl, Michael (2005), E-Mail-Filterung am Arbeitsplatz, in: MMR, H. 6/2005, S. 343-348.

Simitis, Spiros (Hg.) (2006), Bundesdatenschutzgesetz, 6., neu bearb. Aufl., Baden-Baden: Nomos.

Stern, Klaus (2006), Das Staatsrecht der Bundesrepublik Deutschland, Band IV/1, München: Beck.

Thon, Horst (2002), Arbeitnehmerdatenschutz auf dem Vormarsch?, in: AiB, H. 9/2002, S. 524-528.

Tinnefeld, Marie-Theres / *Viethen*, Hans-Peter (2003), Das Recht am eigenen Bild als besondere Form des allgemeinen Persönlichkeitsrechts - Grundgedanken und spezielle Fragen des Arbeitnehmerdatenschutzes, in: NZA, H. 9/2003, S. 468-473.

Wedde, Peter (2003), Arbeitnehmerdatenschutz in der Praxis - Möglichkeiten und Grenzen des Persönlichkeitsschutzes im Arbeitsverhältnis, in: AiB, H. 12/2003, S. 727-734.

Weißnicht, Elmar (2003), Die Nutzung des Internet am Arbeitsplatz, in: MMR, H. 7/2003, S. 448-453.

Wilke, Matthias (2005), Videoüberwachung: Zwei Entscheidungen des Bundesarbeitsgerichts sorgen für Verwirrung, in: AiB, H. 4/2005, S. 225-228.

Wilke, Matthias (2006), Videoüberwachung: Dürfen Arbeitgeber ihre Angestellten mit Videoanlagen beobachten? in: AiB, H. 1/2006, S. 31-37.

7. Internetquellen

ArbeitgeberInnen und Gewerkschaften: Wer sagt was zum Thema "Onlinerechte"? Online im Internet: URL: http://www.onlinerechte-fuer-beschaeftigte.de/positions [12.01.07]

Überwachung am Arbeitsplatz nimmt zu, Online im Internet: URL: http://www.systems-world.de/id/8213/CMEntries_ID/86675/cubesig/20e767a892dde832260558a0a688c309 [12.01.07]

ver.di-Kampagne „Onlinerechte für Beschäftigte": Informationen über Hintergrund und Inhalte der Kampagne, Online im Internet: URL: http://www.onlinerechte-fuer-bschaeftigte.de/service/download/onlinerechte-kampa.pdf [12.01.07]